シン・ニッポン2.0

ふたりが教えるヒミツの日本

渡邉哲也×長尾たかし

三交社

まえがき

渡邉哲也
経済評論家

私たちは政治や国会のことを分かっているようで、実はいまひとつよく分かっていません。

普段、テレビや新聞で政治に関する報道に触れるたびに、疑問に感じたことはないでしょうか。国会では野党議員が自民党議員や大臣の不祥事や失言を追及する場面ばかり目にするが、いったい何を審議しているのだろうかと。

あるいは報道でよく耳にする「部会」とは、「政務調査会」や「総務会」とはいったい何なのか。そして毎年の予算はどのように決まり、各省庁に割り振られているのか。また、法律はどうやって成立しているのか……。

こうした疑問に答える一冊を制作したいと考えたときに、私の頭に長尾たかし氏が浮かびました。保守政治家として確固たる信念を持ち、実際に国会議員として十年にわたって活動した経歴を持つ長尾氏と対談することで、ただ疑問を解消するだけでなく、国会の本来あるべき姿や問題点を炙り出せるのではないかと考えたからです。

戦後の日本の政治の特徴といえば、わずかな期間を除いてずっと自民党が政権を担ってきたことです。では、自民党政治とは何なのかと訊かれたときに、きちんと答えられる人はいるでしょうか。

自民党がどのようなシステムのもとで政権を運営しているのか、そしてなぜ自民党政権が続くのか、なぜ野党は政権を奪うことができないのか……。

こうした疑問に答えるのも、民主党と自民党で与党議員として活躍された長尾氏は適任です。氏は民主党政権が短命に終わった理由、自民党と民主党の違い、そして今日も自民党政治が続く理由を、明らかにしてくれるでしょう。

さて、私たち国民は国会議員に対して大きな誤解を抱いています。

国会議員というと、何となく赤坂の料亭や銀座の高級クラブで豪遊し、賄賂を受け取っている……そんなテレビドラマに出てくるような人物を連想してしまうのではないでしょうか。

また、世襲議員に対しても、ネガティブなイメージをしてしまいがちです。新しい総理が誕生したときに「ああ、また世襲議員か」と考えたことがある人もいるはずです。

こうした世襲議員に対して、親から受け継いだ利権を貪っているのではないかと訝しむ人も少なくないのです。

何となく〝おいしい思い〟をしていそうな国会議員は、実際にどのような日々を送っているのか、また懐事情はどうなのか、この点についても長尾氏にリアルな話を聞きました。きっと国会議員に対するイメージが覆るはずです。

対談では国会の舞台裏や国家議員の苦悩を垣間見ることができます。

本書を通じて、国会や議員をより身近に感じ、より一層政治に関心を持っていただけたら、これに勝る喜びはありません。その思いが、日本社会を改善させることにつながるのですから。

令和五年六月

〔目　次〕

まえがき　渡邉哲也　2

第1章　意外と知らない国会システム

予算はこうして決まる　12
有力議員の地元は潤う?　18
附帯決議は野党の自己満足　21
野党に譲歩する自民党の国対　25
予算委員会は〝何でも委員会〟　29
与党と野党は不平等　32
本会議の質問に立つのは誰?　34
永田町・霞が関用語「バッター」と「被弾」とは　40
予算委員会が満席のワケ　45

国会は日程闘争である……48
中央省庁再編の弊害……51
なぜ財務省は増税を推進するのか……53

第2章 自民党政治とは何なのか

政策立案の要は部会にあり……58
「平場の議論」は激しい……62
自民党を支える税調と政調会……66
曲者だらけの総務会……70
なぜ派閥政治が根づいたか……72
派閥の〝餅代〟はもうない？……75
人材育成は派閥の役割……77
派閥は議員の後ろ盾……80
政治は任侠……85
力を発揮した「野生の安倍さん」……88

安倍政権が八年続いた理由は 91
大臣は最終ポストではない 95

第3章 誤解だらけの国会議員の仕事

国会議員の歳費は高すぎる？ 100
調査研究広報滞在費は足りない 104
国会議員の懐事情 110
あらゆる分野の議員連盟がある 115
意外とクリーンな世襲議員 118
タレント議員が多い理由 124
議員定数削減のデメリット 128
委員会の定足数割れとは 130
議員は料亭に行かない 133
野党議員の嫌がらせ 135
有事のときの召集は時代遅れ 138

議員がコンビニで食料を買い漁るワケ……140
不要な在京当番……143
政教分離に対する誤解……145
宗教団体から支援を受けるのは悪か……149

第4章 日本を脅かす危険思想

参議院議員は各県の代表者……154
「一票の格差」より大切なのは……157
二大政党制は日本にそぐわない？……160
なぜ新党の寿命は短いのか……163
日米の政治システムの違い……170
大統領制で独裁国家に？……173
国民が政治を動かすためには……178
一つの陳情が起こした奇跡……181

第5章 永田町の裏話

永田町に巣食う怪しい人々……186
広告出稿は口止め料……190
甘すぎる議員会館のセキュリティ……194
議場にスマホの持ち込むのは？……197
国会でテロが起きたら……199
国会議事堂の食事事情……201
衆議院は水、参議院はミルクとコーヒー……205
予算がない新聞各社……208
記者とのつき合い方……211
政治とどう向き合うべきか……216

あとがき　長尾たかし　219

第1章

意外と知らない国会システム

予算はこうして決まる

渡邉　国会は毎年一月に召集され、翌年度の国の総予算や、これを実施するのに必要な法律案などが百五十日間にわたり審議されます。また、必要に応じて、一度の延長が認められています。さらに秋には臨時国会も開かれます。これは義務ではないですが、予算の組み替えや、必要な法案を通すために毎年開かれているのです。

国会会期中は、メディアでも盛んに国会審議を報道します。ただ、各委員会で具体的に何が審議され、どうやって法律や予算が成立しているのか、この点を理解していない人が多いのではないでしょうか。テレビやインターネットで国会中継をずっと視聴している人など、あまりいないからです。

そこでまずは「国会」をテーマに、政治に対する誤解を解いていきたいと思います。

国会議員にとって最も大きな役割といえば「予算決め」です。新たな事業を行うにも、予算がなければ何もできません。箱物を作ったり道路を敷いたりする場合にも、あるいは各業界や団体を支援する場合にも、必ず予算が必要になります。
　では、この予算は誰が決めているのでしょうか。結論からいえば、政府・省庁・自民党の「部会」が三位一体で決めています。しかし、衆参両院で行われる予算委員会で、政府と野党議員が審議しながら予算を決めていると、そう誤解している人が多いのではないでしょうか。

長尾　毎年一月中旬〜下旬から始まる通常国会で予算委員会が開かれた時点で、与党は党内での審議を終え、予算案を作成していますからね。予算案は野党と審議して作成するものではありません。野党からの多少の意見や要望も勘案して作成されますが、やはり圧倒的に与党主導です。そうした経緯で作成された予算案に対して、国会が始まってからは主に野党が中心になって審議する、その場が予算委員会なのです。

渡邉　通常国会で当該年度の予算が可決されると、すぐに各省庁は翌年度の算定作業を始めます。ちなみに令和五年度（二〇二三年四月〜二〇二四年三月）の予算は、同年二月二十八日に成立しました。この時点から、すぐに令和六年度（二〇二四

◎常設委員会とそれに連動する自民党部会

●常設委員会		●自民党部会
内閣委員会	←→	内閣第一部会・内閣第二部会
総務委員会	←→	総務部会
法務委員会	←→	法務部会
外務委員会	←→	外交部会
財務金融委員会	←→	財務金融部会
文部科学委員会	←→	文部科学部会
厚生労働委員会	←→	厚生労働部会
農林水産委員会	←→	農林部会・水産部会
経済産業委員会	←→	経済産業部会
国土交通委員会	←→	国土交通部会
環境委員会	←→	環境部会
安全保障委員会	←→	国防部会

年四月～二〇二五年三月）の算定作業を始めるわけです。

「予算＝事業」であり、どの事業にどれくらいの予算が必要になるのか、まずは各省庁が、関連する自民党の部会と連動しながらまとめていきます。

日本には一府十二省庁の行政機関があり、国会には十七の常任委員会があります。懲罰委員会を除く常任委員会は、各省庁に呼応しています。総務省、法務省、外務省、厚生労働省に対して、総務委員会、法務委員会、外務委員会、厚生労働委員会があるわけです。

また、大半の常設委員会と連動するように、自民党内にも総務部会や法務部会、外交部会や厚生労働部会などの部会があります。

部会は各分野における政策を自民党内で議論するために設けられた会合です。各部会は国会会期中の平日の午前中に開かれ、議論や勉強会を行っています。なお、自民党の所属議員は、すべての部会に参加する権利があります（註・部会については第2章で詳しく解説）。

長尾　私は在職中、主に、厚生労働部会、内閣部会、外交部会に参加していました。また、厚生労働部会、外交部会では部会長代理、国防部会では副部会長を拝命しました。

部会で自民党議員は、予算案や法案をめぐって侃侃諤諤《かんかんがくがく》の議論を行っています。

渡邉　そうして三月ごろから、各事業別のヒアリングが始まります。各省庁と部会の審議で、実施する事業や政策案を具体化していくのです。

四月～五月になると、民間人や有識者（主に学者や企業のトップなど）を招いてヒアリングを開催。各業界に精通したプロの意見や現場の意見を取り入れることが目的です。予算には、民間人や有識者の意見も反映させているのです。

そして六月になると、政府は「骨太の方針（予算と事業方針）」を発表します。

以上のように、予算は各省庁が勝手に決めているのではなく、必ず関連する部会が各省庁に連動して、政府や自民党議員の意見も盛り込んでいるのです。政府・省庁・自民党の部会の三位一体で決めていると述べた理由がこの点にあります。

長尾　議員は、予算に対する要望を各省庁の役人に個別に伝えています。最も多いのは、議員連盟（議連）が役人と膝詰めで議論するケースです。ちなみに議連とは、政策の実現など特定の目的を持って議員が結成する組織のことで、私は日本チベット国会議員連盟、日本ウイグル友好議員連盟などに参加、事務局長も務めました。

議連は常に各業界と意見交換を行っています。例えば自動車関連の議連の場合、自動車業界と密な関係を築いており、業界の意見や要望を吸い上げています。そのうえで、予算や税制、その他政策案をめぐって各省庁と交渉するわけです。

過去には特定の企業の要望ばかりを聞き入れる時代もあったとは思います。しかし、いまの時代に、特定の企業の要望ばかり聞き入れていると、ほかの企業に勤める人はもちろん、ともすれば他業種の有権者の不満を招くことにつながるかもしれません。だから私は、企業から個別に要望を受けたときは、以下のようにお伝えするようにしていました。

「たいへん申し訳ありませんが、御社だけの個別要望を受け入れると、特定企業への口利きではないかという誤解が生じる可能性があるので、協議会や団体を作っていただけないでしょうか。公のためになるというかたちで、団体としてご要望いただいたほうが、私たち議員は動きやすくなります」

渡邉　業界全体の意見や要望を吸い上げる、それが重要なポイントですね。

有力議員の地元は潤う？

渡邉　六月に骨太の方針ができると、次に各省庁が事業別に予算を決めて、八月末までに財務省に概算要求を提出します。概算要求とは、分かりやすくいえば「〇〇の事業に××円の予算がほしい」と要求することです。

各省庁から要求を受けた財務省は、翌年度の税収に合わせて各省庁別に予算を決めていきます。これを「予算折衝《せっしょう》」といいます。財務省と各省庁が話し合いながら決めていくため、「折衝」という言葉が使われています。

もちろん、予算には限りがあるので、各省庁の希望どおりに予算が配分されることはありません。財務省から「予算が足りないから事業を減らしてもらいたい」といわれるケースが頻発します。

しかし、有力議員が推進している事業となると話は別です。過去には、財務省がある事業の予算を突っぱねたものの、有力議員の圧力によって覆ったこともありました。有力議員の地元が建設バブルに湧いたという話が数多ありますが、その裏ではこのようなやりとりがなされていたということです。

長尾　確かに昔はそのようなことがあったと思います。業界団体の人を事務所に招いて、議員が省庁に電話で「あそこの工事に予算を頼むよ」と要望を出す。そんな場面がテレビで映し出されたこともありました。しかし、昨今はそのようなことはないと思います。

現在は部会での話し合いのほか、議連のメンバーで役人と面会するなど、予算をめぐってとにかく深い議論をしています。

渡邉　折衝を経て、十二月末には予算案が決定します。その後、事業別の予算が振り分けられる。これを「個所付け」といいます。

例えば国土交通省の場合なら、どこの道路をいくらの予算で工事するかという具体的なことが決まるのです。

個所付けが終わると、最後に財務省と各省庁、部会によって調整された最終予算案を与党の自民党と公明党が確認して、その後、正式に政府予算案が完成します。そして年明け一月の通常国会に臨むのです。

つまり一月の通常国会が開会する前に、すでに本年度の予算案が完成しているということです。だから各省庁の役人は、通常国会で与党が本年度の予算を成立させる裏で、すでに翌年度の予算算定に取り掛っています。

長尾　ちなみに野党議員は、一月の通常国会直前で初めて「正式な予算案」を目にします。先ほど申し上げたように、秋の臨時国会が行われる十月に要求を出せば、各省庁の自民党の部会にあたる「部門会議」（旧民主党での呼び名）に出席して、予算案について説明を受けることができます。また、この席では意見をいうこともできます。実際に野党のなかには、この段階で積極的に意見をいってくる人もいます。しかし、これは形式的なレクチャーや意見交換にすぎません。一方の与党議員は、前年から部会などで各省庁と深い話し合いをしています。つまり与野党では、予算に対する議論の深みが違うのです。

附帯決議は野党の自己満足

渡邉 では、次に法律はどのように成立するかについて語りたいと思います。

長尾 法律は、まずは部会で審議して法案の了承を得ます。その後、政務調査会（政調会）で審議します。

渡邉 政調会とは、各部会を取りまとめて政策を立案・実行する自民党内の機関です。東京・永田町の自民党本部には政調会長室があり、政調会長（現在は萩生田《はぎうだ》光一《こういち》氏）のほか、会長代行、会長代理、副会長、職員（自民党が雇った事務方）らが意見を交わしながら法案をまとめます。

政調会が承認したら、次に総務会で審議します。総務会は、自民党の方針や運営を審議する決定機関です。法案や政策は、すべて政調会や総務会で承認されなければ、国会に提出できません（註・政調会と総務会については第2章で詳しく解説）。

長尾 実は総務会に上げる前に、法案担当の責任者（議員）と役人が「与責《よせき》」（与党責任会議）を開いて、ここで話を揉んで、公明党の意見も聞きます。あるいは「2幹2国」、つまり両党の幹事長と国会対策委員長（国対委員長）が審議します。
ちなみに国会対策委員会とは各党に設置されている機関です。与党と野党第一党（現在は立憲民主党）の国対委員長には、本会議や常任委員会、特別委員会などの日程を調整するという大切な役割があります。

渡邉　与責や2幹2国で自民・公明両党の議員が集まり、事前に意見の擦り合わせをしておくのですね。

長尾　そのとおりです。当然、この段階で公明党の意見が反映されることもあります。

渡邉　特に国土交通省に関する案件は、公明党の意見が色濃く反映される傾向があるように感じます。

令和二（二〇二〇）年一月に日本で最初の新型コロナウイルス感染者が確認され、瞬く間に日本中に蔓延しました。当時の安倍《あべ》晋三《しんぞう》総理は、真っ先に水際対策として中国からの入国に制限をかけようとしました。しかし、党内から反発があり、制限をかけられませんでした。党内でパワーゲームが繰り広げられ、公明党に阿った勢力が勝ったということです。

さて、公明党との調整が終わり、両党の幹事長が了承したら、最後にその法案を閣議決定します。

長尾　法案は、内閣が国会に提出するケースが大半です。これを「閣法《かくほう》」といいます。閣法を提出するのが一月の通常国会であれば、前年の十二月頭には、党内での議論を終えています。

与党が了承し国会に提出された法案は、よほどのことがない限り、修正されることはありません。自民党では何度も審議を行い、手続きを重ねていますから。

国会に法案を提出するまでのあいだ、野党との折衝は、説明はあっても、実体上ありません。法案が国会に提出されて初めて、野党が関われるのです。それが野党議員からすると面白くない。だから国会で総理や大臣の失言や、週刊誌で報じられた「疑惑」の追及ばかり続けているのです。

ただ、そんなことをしても法案の中身は変わりません。では、野党議員がどうやって落とし所を見つけるかといえば、附帯決議を加えることです。国会で審議中の法案に対して、「反対したいが、この附帯決議をつけるなら賛成してもいい」

というわけです。

渡邉　附帯決議を追加することによって、とりあえずは審議に参加したことになりますからね。

長尾　そうなのです。附帯決議をめぐって、与野党の法案担当委員会の理事、与野党の国対副委員長が話し合いをします。

渡邉　例えば平成二十九（二〇一七）年に「組織的な犯罪の処罰及び犯罪収益の規制等に関する法律」が改正され、六条の二に「テロ等準備罪（テロリズム集団その他の組織的犯罪集団による実行準備行為を伴う重大犯罪遂行の計画）」が加えられました。すると左派団体やマスコミは、「言論や内心の自由が侵害される」とこぞって反対したのです。結局、テロ等準備罪の被疑者の取り調べは、可能な限り可視化の実施に努めるべき旨を求めるなどの附帯決議が付されました。

野党に譲歩する自民党の国対

長尾　与野党の国会対策委員長は、日程や国会で審議する法案をめぐって協議します。近年は与党が野党にずいぶんと譲歩するケースが多いように感じます。その目安が、前述した附帯決議です。本来、法律に附帯決議など付されるものではありません。追加するにしても、せいぜい一つか二つであるべきです。少なくとも十年ほど前までは、それが普通でした。

ところが近年は、附帯決議が付されるのが当たり前になってしまいました。附帯決議が二十項目ある法律もあります。法律の条文より附帯決議のほうが多いこともあるから驚きです。

渡邉　多すぎるのも困りものですね。ただ、附帯決議に強制力はありません。あくまでも使用マニュアルのようなものですから。

長尾　そうですね。「多少の配慮をしてください」というものです。しかし、条文よりも長い附帯決議が付されるというのは、やはり自民党の国対委員長が譲歩しすぎだと思います。弱体化したとさえ感じます。

渡邉　確かに法律によっては附帯決議が必要な場合もあるのでしょう。しかし、多くの場合は必要もない附帯決議を追加させることで、野党議員が溜飲を下げているとしか思えません。

そもそも野党が附帯決議の追加にこだわるのは、自民党の法案に反対する一部の国民の声に応えたいからでしょう。しかし民主主義は、多数決を尊重するものです。もちろん、少数派の意見に耳を傾けることも大切ですが、最終的には数で決める。それが民主主義です。

ところが近年の野党は、少数派の意見ばかり尊重しています。これは民主主義の否定に他ならないでしょう。

長尾　まったくそのとおりです。野党はノイジーマイノリティの意見に耳を傾けすぎですね。

渡邉　野党議員がルサンチマンを抱いているのは、自民党が与党であり続けたからです。長期間にわたって政権を担ってきたことで、野党にはできることができなくなりました。自民党以外の政党には政策立案能力がない、そんな状態が続いています。

長尾　現在、一部の野党では、ガバナンスが機能していません。また、決定経路もまったく異なります。

渡邉　野党には、法案審議に挑む能力もありません。その前段階となる、法案に対する知識を得るための機会や組織すらないのが現状です。自民党のような部会がないということです。

野党第一党の立憲民主党も、前身の民主党時代には、労働組合から支援を受けていました。党内では勉強会が行われ、いまよりはガバナンスが効いていたように思います。

しかし、民主党から民進党に変わり、平成二十九年には分裂して立憲民主党が誕生しました。その後、同党では労組の影響力が薄れ、すぐに単なる活動家集団に成り下がりました。党内で勉強会が行われることもなくなり、とても政策を立案できるような状態ではないでしょう。

一方の国民民主党は日本労働組合総連合会の支援を受けているので、労働者のための政党として、時にまともな意見をいったり、政策を提案したりすることもありますが……。

自民党は国民政党であり、党内には極左を除いて左派もいれば右派もいます。宏池会（岸田派）に所属する議員のような左派も、立憲民主党や共産党のような左派政党に所属する議員に比べればまともです。だから、もう左派政党には存在意義がないのです。立憲民主党や共産党がノイジーマイノリティの声ばかりを吸い上げている理由がこの点にあります。自民党の政策に文句をいうことでしか、存在感を示せなくなっているのです。

予算委員会は〝何でも委員会〟

渡邉　国会には十七の常任委員会があることはすでに述べました。そのなかで議員から最も人気があるのが予算委員会です。なぜかというと、予算委員会はNHKで中継され、質疑に立てば一気に知名度が上がるからです。

十七ある常任委員会には、それぞれ所管する大臣が出席します。総務委員会なら総務大臣、外務委員会なら外務大臣が出席するわけです。加えて与野党の議員も出席します。国会議員は必ず何かしらの委員会に所属しなければならず、党は所属議員を各委員会に割り振ります。

予算委員会はすべての省庁に関係する唯一の委員会です。総理や財務大臣のほか、審議の内容によって担当大臣が参加します。各委員会で審議された予算を最終調整する場、それが予算委員会です。

しかし昨今の予算委員会を見ると、〝何でも委員会〟といったほうが的確ではないでしょうか。野党議員が週刊誌の記事を引用して、総理や閣僚の「疑惑」を追及する場になっていますから。「モリ・カケ・桜」や「総務省の行政文書」をめぐる追及がその最たる例です。前者は安倍総理（当時）、後者は高市早苗《たかいちさなえ》経済安全保障担当大臣を標的に、野党議員は延々と追及したでしょう。安倍氏や高市氏がいくら身の潔白を訴えたところで、野党は聞く耳を持ちませんから、これでは議論になりません。

長尾　本来、予算委員会はその名が示すとおり、予算を審議するための委員会です。しかし野党議員は、「疑惑」の追及のほか、総理や各大臣の失言を殊更に取り上げるなど、政府批判に終始しています。

このような予算委員会の姿は、国民から見ると歪なものになっています。「なんで予算と関係のないことばかり話しているのだ」と疑問に感じている人も多いでしょう。

しかし野党議員には、〝世の中のありとあらゆる事柄は、すべて予算につながっている〟という考えがあります。つまり「疑惑」を追及することや、総理や大臣の資質を問うことも、巡りめぐってすべて予算に影響するというわけです。もちろん、これは単なる屁理屈ですよ。

与党と野党は不平等

渡邉　予算委員会は〝何でも委員会〟であると述べました。「予算」という冠がついているにもかかわらず、野党は予算の話ではなく、声高に政府批判を繰り返します。野党議員にとって、予算委員会はアピールの場であるということです。予算委員会では、野党に多くの質疑時間を配分するのが慣例です。現在は野党に約八割、与党に約二割の時間を割り当てています。

しかし、この慣例を是正すべきだという意見もあります。「国民の声を聞く」という観点から考えると、選挙で最も多くの議席を獲得した与党の質疑時間を増やすべきだということです。与党のなかにも、さまざまな意見があるからです。

長尾　国会会期中の期間で見ると、一つの予算案や法案に対して、野党のほうがたくさん質疑時間を取っているように映るかもしれません。しかし、一年というスパンで考えると、実はバランスが取れていると思います。国会の議事録に載らないところで、つまり部会など党の会合で審議し尽くしているからです。一方の野党は、国会が始まってから初めて審議します。

この点に鑑みると、質疑時間の配分はいまのままでよいのではないかと思います。しかしその一方で、野党がまともな質疑をしないならば、その時間を与党に充ててほしいとさえ思いますよね。

渡邉　国会の構図は「政府VS.政党」です。この場合の「政党」は野党議員を指します。

あくまでも、立憲民主党や共産党などの議員が野党の立場で質問して、自民党や公明党の議員が与党の立場で回答するだけです。

本来は予算案や法案をめぐって「党VS.党」の審議を行うべきですが、党が意見をぶつけ合うのは、ごく稀に開催される党首討論だけです。

ちなみに党首討論は、イギリス議会のクエスチョンタイムを参考に設けられたものです。

イギリス議会では、日本の衆議院に該当する庶民院本会議で、国会会期中に毎日クエスチョンタイムが行われています。そして水曜日の午後の三十分間は、野党の代表が首相に対して自由に質疑できます。これを参考に、日本では平成十一（一九九九）年七月に国会審議活性化法（国会審議の活性化及び政治主導の政策決定システムの確率に関する法律）が成立。同年十一月十日に初めての党首討論が行われました。

質疑に立ったのは民主党の鳩山由紀夫《はとやまゆきお》代表、日本共産党の不破哲三《ふわてつぞう》委員長、社会民主党の土井《どい》たか子党首で、迎え撃ったのは小渕恵三《おぶちけいぞう》総理でした。

ただ、党首討論は滅多に開催されることがなく、令和三（二〇二一）年六月に菅義偉《すがよしひで》政権下で行われた党首討論は、実に二年ぶりのことでした。岸田文雄《きしだふみお》政権下では一度も行われていません。

「党VS.党」の審議が極めて少ない現状では、野党議員が不祥事を起こしても、国会でそれを取り上げることができないでしょう。仮に自民党議員が、野党の不祥事対する答弁を政府に求めたところで、政府（自民党）は野党を追及することができないのです。これはフェアではありませんね。

渡邉　おっしゃるとおりですね。

繰り返しになりますが、予算委員会は国会の花形です。ただ自民党のような大政党になると、予算委員会に出席できるのは、限られた議員だけです。また、予算委員会は概ね十五日にわたって開かれますが、質疑する機会はなかなかめぐってきません。

自民党では一〜二回生議員は「雑巾がけ」と呼ばれます。要は下積みの時代であり、三回生になって、ようやく予算委員会で質疑に立たせてもらえるようになります。

余談になりますが、衆議院議員なら当選五回、参議院議員なら当選三回が大臣適齢期といわれます。大臣を目指すのであれば、適齢期を迎える前に部会で議論を引っ張り、予算委員会で存在感を放つ議員にならなければなりません。

なお、野党議員なら一回生でも予算委員会に出席して質疑に立つことも可能です。ただし、現状では野党が政権を奪取する可能性は極めて低く、政治を動かしたいと考えているなら、やはり自民党で雑巾がけから始めるのが得策なのかもしれません。

長尾　議員は国会開会前に希望の委員会を党に提出します。そして国対委員長が、どの議員がどの委員会に参加するかという割り振りをする。当選回数が少なくても、自ら希望して予算委員会に参加している議員もいます。あるいは大臣を経験したベテラン議員も、参加することが少なくありません。ガイドラインは政党によってさまざまだと思います。

渡邉さんがいわれたとおり、予算委員会では質疑の機会がなかなか回ってきません。その理由は明白で、審議するテーマの幅が広すぎるからです。だから私は、一度も予算委員会を希望したことがありません。

また、委員会は自分が質疑することだけが大事なのではなく、ほかの議員の意見を聞くことも大事です。しかし予算委員会では、野党は「疑惑」の追及ばかりしているでしょう。そんな話は聞きたくない。NHKの中継が入っていないときは、意外とまともな質疑をする議員もいるのですが……。

私は合計十年にわたって議員を務めました。平成三十(二〇一八)年十月に内閣府大臣政務官を拝命して、委員会を外れ政府の一員として内閣府と金融庁を所管した一年を除き、ずっと厚生労働委員会に所属していました。厚生労働委員会は、その名が示すとおり、厚生と労働に関する議論を中心に行います。だから委員会に出席するだけで専門性を高められます。皮肉なことにこれは、予算委員会にはないメリットですね。

本会議の質問に立つのは誰？

長尾　国会の花形といえば、本会議における代表質問も花形です。予算委員会と同じように、ＮＨＫで中継されることもあります。議員なら誰もが一度は登壇したいはずです。

渡邉　一度登壇すれば、次の選挙で当選しやすくなります。支援者から「頑張っているな」といってもらえますからね。

長尾　では、本会議の質疑者はどのように決めているのか。そのときどきによって違いますが、総理の施政方針演説に対する代表質問は、だいたい各党の幹事長が演壇に立ちます。

渡邉　その他の議員には、代表質問の機会はなかなかめぐってこないでしょう？

長尾　ごく限られた人なので、自民党には、議員を十年やっていても、一度もあの場所で演説をしたことがないという議員が何人かいます。

渡邉　所属議員が多すぎるからですね。

長尾　だからなかなか回ってこない。幸いにも私はおかげさまで二回も演壇に立たせてもらいました。

渡邉　それはすごいですね。

長尾　二度目は厚生労働委員会の質疑者担当の理事を務めていたときに、あるベテラン議員から「どうしても総理答弁の質疑に立たせてほしい」と頼まれたことがありました。本当は別の議員に質疑を頼もうと段取りをしていたのですが、その議員のご要望にお応えしました。そうしたら、ものすごく喜んでくれました。

それからしばらくすると、いきなりその議員が「長尾さん、あのときのお返しで演壇を頼むよ」といってくれました。本会議の質疑の任命権を持っていたので、私を指名して下さったのです。ありがたく「あのときのお返し」をいただきましたよ。政治に〝貸し借り〟は付き物です。

渡邉　まるでヤクザの世界ですね。

永田町・霞が関用語「バッター」と「被弾」とは

長尾　委員会に関連して面白い話があります。国会で質疑する人の呼び方です。永田町・霞が関用語では「バッター」と呼ぶのです。委員会の質疑担当理事から「長尾さん、明日の委員会は十四時から、二番バッターでお願いします」といわれるのです。

つまり十四時から二番目に質疑するということです。

予算委員会がNHKで中継される時間帯のバッターは、基本的にはベテラン議員が担当します。中継されるのは、予算委員会のごく一部の時間帯で、中継されない大半の時間は、基本的に若手議員がバッターを担当します。

渡邊　質疑に慣れてもらうことが目的ですね。

長尾　そのとおりです。

さて、次に一つ妙な話をしたいと思います。それは、各委員会で所属議員が顔を揃えるのは冒頭だけということ。委員会が始まると、一人また一人と退席していくのです。必ず委員会の始まりから終わりまですべての議員が着席して、審議に参加しているというわけではないのです。そのため、委員会によっては空席だらけということもあります。

席を空ける議員はサボっているわけではありません。国会では、たくさんの委員会が同時に行われています。また、議員は最低でも二つ、通常は三つの委員会を掛け持ちします。私の場合は常任理事会が二つ、特別委員会が二つ、合計四つの委員会を掛け持ちしたことがあります。日によっては三つの委員会が同じ時間帯に行われることもありました。だから複数の委員会を渡り歩かなければならず、席が空いてしまうのです。

ちなみにこれは自民党の話ですが、自民党には衆参合わせて四百近くの議員がいるので、議員一人あたり二〜三の委員会の掛け持ちになります。

では、議員数の少ない野党はどうかというと、当然、一人の議員でいくつもの委員会を掛け持ちすることになる。ただし、それでは委員会に満足に出席することなどできません。委員会に顔を出すだけで、すぐ別の委員会に移動しなければならず、まともに審議に参加するのは、自分が質疑するときだけになるでしょう。以前、国民新党（平成二十五年に解党）に所属していたある議員が、私にボソッと「今日ね、委員会の質疑が七回あるんだよ」と話していたことがあります。つまりその議員は、最低でも七つの委員会に所属していたということです。議員の数が少なければ、一人が受け持つ委員会の数は増えるのです。

渡邉　それではまともに意見などできないでしょうね。

長尾　おっしゃるとおりです。

ところで国会で質問者を「バッター」と呼ぶのに対して、答弁する人にも一部の霞が関の役人のあいだで使われる隠語があります。何の前触れもなく、突然翌日の委員会で質疑が当たることを「被弾」と呼ぶのです。

政府に籍を置いていたころは、国会会期中の夜、秘書官から電話がかかってきて「被弾しました」といわれることがしばしばありました。要は、答弁を求められる質問が、突然野党から提出されたということです。本当に何度も「被弾」しました。

「被弾」したのが委員会の前日の夕方だったらまだいいほうです。「明日の委員会は答弁がないから、久しぶりに一杯やろうかな」と、店でお酒を飲んでいるときに、夜遅く秘書官から電話がかかってくるのです。そして「長尾政務官。すみません、明日、二発被弾しました……」といわれるのです。「被弾」したら、何時だろうとすぐに役所に戻らなくてはなりません。役所で秘書官と答弁書を確認して、翌日の委員会に備えるのです。帰宅するのはだいたい一～二時になりますね。

それでも議員は帰宅できるだけマシです。役人たちは徹夜で仕事をしますから。国会会期中の役人は本当に多忙です。

渡邉　それで建設的な政策議論が行われるなら議員も役人も救われますが、再三述べているとおり、野党議員の質問は、どうでもいい言いがかりや、揚げ足取りなど、重箱の隅を突くようなものばかりでしょう。

長尾　そうですね。もっと酷いのは、前日突然の質問通告があり、答弁調整が終わって準備しているのに、質問されないことです。その場合は本当に無駄なことをやっていると思います。これを「空振り」といいます。これも隠語ですね。さらには、質問取りの際、「社会保障全般に関すること」や、「外交全般に関すること」

としかいわない複数の野党議員がいます。具体的なことをいわないのです。これでは答弁書を作成できません。嫌がらせですね。しかし、それで済ますことはできませんので、あらゆる質問を想定し、省庁間調整をした答弁書を作り、委員会に備えるのです。

予算委員会が満席のワケ

渡邉　議員は各委員会を掛け持ちでしているため、委員会室が空席だらけになることもあるというお話でした。しかし、こと予算委員会に関しては、空席が目立つということは滅多にありませんね？

長尾　NHKの中継で、空席だらけの会議場が映し出されるとみっともないでしょう。とはいえ、どうしても退席しなくてはならない議員もいる。そこで席を空けないように、一回生議員が国対委員としての当番で後ろに控えています。そして誰かが退席すると、そこに座ります。議員が離席して席が空くと、国対の班長が一回生議員に、「ここに座りなさい」と合図を送るのです。

渡邉　予算委員会では、どの席に座るかということも大切ですね。質疑者の近くに座れば、質疑者が質問するたびに一緒にテレビに映ることができます。細かい話ですが、テレビに映ると地元の有権者が喜んでくれる。場合によっては「頑張っているな」と労いの連絡が来ることもあるでしょう。

長尾　質疑者の後ろの席に座っている議員が目立ちますね。中には審議を聞いているのでしょうが、ずっとカメラ目線の議員もいます（笑）。

渡邉　いつも同じ議員が質疑者の後ろにいます。たまにはほかの議員に席を譲ったりしないのですか？

長尾　ベテラン議員が「ここに座ればテレビに映るから」といって、席を譲ってくれることもあります。

ただ、席を譲ってもらうのは、せいぜい二回生議員までです。二～三回生議員になると、大半の議員は役割を与えられますから。私の場合は二期目に国会対策委員の役割を与えられたので、予算委員会の角に立ち、席が空くと「○○議員はあそこの席に座ってください」と指示するようになりました。

この役割は完全に裏方なので、支援者から「最近、長尾はテレビに映っていないが、ちゃんと仕事をしていないのではないか」と誤解されてしまうこともありました。

余談になりますが、予算委員会が行われる委員会室には、人が出入りする扉の横に二つ席があります。この席もまた、必ずテレビに映ることができるのですが、ときどき予算委員会の担当ではない議員が座っていることがあります。国会の事情を知っている人が見ると、「あいつは選挙対策のために座っているな」とすぐに気づきますね。

渡邉　当選するために涙ぐましい努力をしているわけですね。

国会は日程闘争である

渡邉　国会の日程や審議内容は与党と野党第一党の国対委員長が話し合って決めています。国会には事前にタイムスケジュールがあるわけではないので、国対の手腕によって、日程の良し悪しが決まります。

長尾　委員会は、厚生労働委員会なら厚生と労働に関する一般質疑を二〜三日、それぞれ七時間ずつ行います。次に法案について大臣の趣旨説明を行い、それに対する質疑を行います。その後も審議を続けながら、場合によっては参考人を招致して意見を聞く。そして最終的に採決するという流れです。

ちなみに予算委員会の場合は、地方公聴会も行います。地方公聴会とは、予算委員会のメンバーが地方に出向き、公開で行う審議です。

ただ、すべての法案に対して、このような手続きを踏むと時間が足りない。だから与党と野党第一党の国対が、審議過程をフルスペックでいくか、多少の簡略系でいくかを事前に話し合って決めます。

渡邉 「〇〇法案はとことん議論しましょう」「××法案は参考人招致を省こう」と決めていくわけですね。

長尾 そのとおりです。

平成二十七（二〇一五）年九月に可決された平和安全法制は、衆議院が百十六時間三十分、参議院が百時間八分、合計二百十六時間三十八分にわたって審議しました。このような法案を「重要広範法案」といいます。

渡邉 大臣の不祥事など何かトラブルが発生すると、野党は国会を中断させたがります。審議を止めることで、政府のイメージを悪化させることが狙いです。もっとも審議を止めたからといって、法案の内容が野党の望みどおりになるわけではありませんが……。

与党からすると、今国会でこれだけは絶対に成立させたいという法案がある。ただ、国会の日程は非常にタイトなので、国会が中断してしまうと、予定どおりに法案を通せなくなります。野党の狙いはここにもあり、牛歩戦術などで時間を浪費するのは、法案の成立を阻止するためです。

長尾　いわゆる「日程闘争」ですね。まさに国会は日程との戦いであり、国会を中断させる原因を作った議員は、党内で厳しく叱られます。

渡邉　予算なら二月末までに衆議院で可決させれば、一ヵ月後の三月末までに自動成立します。ただ、二月末までに可決させられないと、場合によっては四月一日から予算を執行できなくなります。

また、与党は予算関連法案も成立させなければなりません。こうした法案が通らず、大きな問題に発展してしまうこともあります。

とにかく国会は、国対が決めた日程どおりに進めることが重要です。また前述したとおり、予算や法案の中身は国会が開会する前に与党内で審議したうえで決まっています。つまり、少し乱暴な言い方をすれば、国会とは日程闘争をやっているだけだともいえますね。

中央省庁再編の弊害

渡邉　現在、国会には十七の常設委員会があります。この数が多いのか少ないのかは分かりませんが、例えば厚生労働委員会は、厚生と労働というまったく異なる分野について、一つの委員会で審議しています。平成十三（二〇〇一）年に中央省庁再編で厚生省と労働省が統合されたことで、医療・保険・社会保障と労働が一緒くたになってしまいました。

委員会に参加するのは厚生を専門とする議員と、労働を専門とする議員が半々となります。これでは濃密な審議など期待できないでしょう。

長尾　国会会期中に厚生労働委員会で審議される法案は、せいぜい十～十五本です。そのときどきによって、厚生分野の審議が多いと感じることもあれば、逆に労働分野の審議が多いと感じることもある。どちらも重要なので、本来であればそれぞれ十～十五本ずつ審議すべきですよね。

渡邉　文部科学省も同様に、省庁再編の弊害が出ています。文部省と科学技術庁が統合された文科省ですが、教育を担う文部省と科学技術の振興を担う科学技術庁は別物です。加えて前者は文系学問の色が濃く、後者は理系の色が濃い。この二つは統合すべきではありませんでした。

統合してからは旧文部省のほうが力が強く、旧科学技術庁は真っ当に機能していません。国を挙げて取り組むべき研究開発が遅れている原因の一つは、間違いなくこの統合にあります。

それから経済産業省も国土交通省も、扱うテーマの幅が広すぎるでしょう。

長尾　平成十三年の省庁再編は間違いだったと思います。

渡邉　省庁再編はもう一つ大きな問題を生みました。財務省に力が集中したのです。省庁再編によって大蔵省は財務省に変わりました。財務省には主計局と主税局があります。つまり予算を編成する内部部局と、税金を徴収する内部部局があるわけです。主計局が認めなければ予算を組めないという事情から、主計局が実権を掌握しています。

財務省に主計局と主税局があるのは問題です。財務省にとって何か都合の悪いことがあると、主税局を動かし圧力をかけることができるからです。

例えばある新聞社が記事で財務省を批判したとします。するとその新聞社に、税務調査を入れることもできます。

長尾　財務省は人事をうまく行っていて、主計局と主税局の両方で経験を積まなければ、トップである事務次官にはなれません。両方に顔が利く人が出世するのです。

渡邉　財務省に主計局と主税局を設置するのではなく、この二つを切り離して、徴税と社会保障を担う、アメリカ合衆国内国歳入庁のような機関を別に設置すべきでした。ただ、いまから切り離すとなると、権力を失うことになる財務省は抵抗するでしょうね。

なぜ財務省は増税を推進するのか

長尾　財務省は執拗に増税の必要性を訴えています。なぜ増税にこだわるかというと、財務省設置法に原因があります。同法三条で以下のように謳っています。

〈財務省は、健全な財政の確保、適正かつ公平な課税の実現、税関業務の適正な運営、国庫の適正な管理、通貨に対する信頼の維持及び外国為替の安定の確保を図ることを任務とする〉

財務省の役人はこの条文を遵守しているので、経済が繁栄しようが衰退しようが関係ない。「景気改善に努める」といった趣旨の文言がないからです。

渡邉　法律に書いてないことはやらなくていい。書いてあることを愚直にやるということですね。

長尾　だから罪悪感がなく、非常にたちが悪いのです。

財務省では財政を切り詰めた人、税率を上げ税収を増やした人が出世します。

だから増税にこだわる。そして増税に反対する人に対しては牙を剥きます。議員に限らず人間だったら、一つや二つ触れられたくないことがあるでしょう。財務省は、時にそれを突いてくる。特に国税庁は敵と見なしたら攻撃してきます。政界では、国税庁と検察庁とは戦うなといわれているほどです。

「モリ・カケ」のように疑いたくなるような資料を流出させたり、古くは「消えた年金」「年金保険料未納問題」がありましたね。これらの問題が積もり積もって、平成二十一（二〇〇九）年の政権交代につながりました。最近では「小西文書」もあります。このような行政文書が議員を攻めるために使われるのです。

渡邉　問題があるのは日本銀行も同じです。日銀は金融政策の理念として〈物価の安定を図ることを通じて国民経済の健全な発展に資すること〉や〈「物価安定の目標」を消費者物価の前年比上昇率2％と定め、これをできるだけ早期に実現する〉ことを掲げています。

このような日銀に対して、米ＦＲＢ（連邦準備銀行）は「物価の安定」と「雇用の最大化」を掲げています。雇用の最大化とは、「景気悪化は絶対に許さない」という前提のもとにある物価の安定です。

日銀の目標は単なる「物価の安定」だから、物価上昇を二％以内に抑えれば成功とみなされます。この点がＦＲＢとの違いであり、日銀の大きな問題点といえるでしょう。

長尾　国民の生活が改善しようが悪化しようが関係がないということですね。

海外の行政は、自分たちの所管以外のこともきちんと取り組んでいます。法律を施行する際には、やらなくてはならないことを定めると同時に、目指すべきことも決めています。できもしないことを掲げる場合もあります。つまり法律に、議会としての意志が反映されているのです。特にアメリカはこの傾向が強いです。

ところが日本では、できないことはしない。役人は法律で定めたことだけやり、その先のことは考えません。そういった立法文化が根づいています。

渡邉　国会を様々な角度から見ると、本当に多くの問題があることが分かりますね。

第2章

自民党政治とは何なのか

政策立案の要は部会にあり

渡邉　自民党は昭和三十（一九五五）年の結党以来、ほとんどの期間で政権を担ってきました。下野したのは、日本新党や新生党など八党派が連立で政権を担った平成五（一九九三）年八月〜平成六（一九九四）年六月、そして民主党が政権を担った平成二十一（二〇〇九）年九月〜平成二十四（二〇一二）年十二月の期間だけです。戦後の日本の政治は、自民党とともに歩んできたといってもよいでしょう。

　では、自民党はどのようなシステムで政治を行っているのでしょうか。まずは、自民党の部会について詳しく語りましょう。

長尾　部会とは、端的にいえば予定提出法案を審議して、意見をまとめるための会合です。八時から始まることが多いのですが、約一時間にわたって簡潔に行われます。九時、十時、十一時から始まる部会もあり、一日に複数の部会に参加することも多々あります。各部会では法案に対する議論や、有識者を招いた勉強会を行っています。

部会長、部会長代理、副部会長、あとは関連調査会の役員がひな壇に並びます。加えて大臣が参加することもありますが、たいていは副大臣か政務官が参加します。それから衆参の国会議員のほか、法律の所管局長と課長（役人）、あとは関連団体の方も参加します。

渡邉　一府十二省庁の行政機関に呼応するかたちで常任委員会があり、部会がそれに連動していることはすでに述べました。各部会には、それぞれの分野に精通した議員が参加します。例えば財務金融部会なら財務省出身の議員、文部科学委員会なら教育界出身の議員が参加するわけです。

ただし、自民党に所属していれば、誰でも好きな部会に参加できるので、必ずしもその分野に精通している議員ばかりだとは限りません。所属する派閥から割り振られるかたちで、専門外の部会に参加する議員もいます。

部会は派閥別に参加議員の上限を設けています。最大派閥の清和政策研究会（清和研／安倍派）には衆議院議員が六十名、参議院議員が四十名、合わせて百名の議員が所属しています（令和五年四月現在）。もし清和研の議員が全員で一つの部会に参加すると、その部会は清和研の影響力が極めて強くなります。それを避けるために、派閥ごとに上限を設けています。

各派閥は、所属議員の意向を聞きながら、どの議員をどの部会に参加させるかを決めています。当然、派閥の規模によって枠の数は増減し、大きい派閥には多くの枠が与えられます。

長尾　自民党に所属するすべての議員が、何かしらの部会に参加します。その数は議員によって異なります。ちなみに私は、主に厚生労働部会、内閣部会、国防部会、外交部会に参加していました。

部会は同じ時間帯に五つも六つも同時に行われています。朝八時〜九時のあいだがピークなので、自民党議員の朝は早いですよ。

参加したい部会の開催時間が重なったときは、一つ目の部会に冒頭から出席して、途中で二つ目の部会に移動することになります。自分が関わるべき法案が審議される部会には、最初から最後まで必ず参加します。

ただし、部会長や部会長代理は、途中で退席することはできません。同じ時間帯に出席したい部会が複数行われていた場合には、自分の代わりに秘書を参加させることになります。ただ、秘書には発言権がないので、何か意見したいことがある場合は、別日に役人を呼んで自分の意見を伝えています。

「平場の議論」は激しい

渡邉　メディアは「平場の議論」という言葉を頻繁に使います。これは部会における議論を指します。

　どの部会にも、実務の専門家といえる議員がいます。若手議員は専門家を相手に議論するのは大変でしょう。

長尾　新人議員が議論についていけないことは、多少はあるでしょうね。ただ、一回生議員でも、ある分野については先輩議員より豊富な知識を持っているケースもあります。一回生であれベテランであれ、みんな手を挙げて積極的に意見しています。

渡邉　部会にはさまざまな考えを持つ議員が参加しているので、あらゆる事案に対して賛成派と反対派が存在します。所属する派閥によって意見が異なることもあるでしょう。例えば防衛政策を議論する場合、清和研には積極派の議員が多い一方、宏池会は慎重派の議員が多いでしょう。だから平場の議論を重ねて、政策案を練っていくのです。

長尾　部会での議論は本当に激しいですよ。すんなりと意見がまとまることはほとんどありません。参加する議員は、みんな必ず意見をいいます。「この内容でもいいけど、この点は気をつけてもらいたい」と要望をつけ加えることも多々あります。

ただ、どんなに意見が対立しても、よほどのことがない限り上手に収めます。国会の日程が決まっているからです。部会長は「〇〇日までに部会で意見をまとめなくてはならない」と、常にプレッシャーを感じながら挑んでいます。

時には、たった一回の部会で議員の了承を取らなくてはならないこともあります。そういった際には、部会の議論が円滑に進むように、役人は事前に議員に説明しておきます。

また、審議する法案に反対しそうな議員にも、役人が事前に説明に伺い、根回ししておくこともあります。つまり部会が行われる前の段階で、主要議員に対して個別に説明を終えておく。そうして部会で了承を取りつけるわけです。

渡邉　部会では、具体的にどのようなかたちで了承を取るのか教えてください。

長尾　多数決は採用されていません。審議を重ねたうえで、部会長が「以上の法案、ご了承ということでご異議ありませんか？」と訊ねます。参加議員は全員で「異議なし！」と答えます。

では、法案に対して賛否が拮抗している場合はどうするかというと、部会長が一任を取りつけます。「以上の法案、部会長の一任ということでよろしいでしょうか？」と訊くのです。やはり参加議員は全員で「異議なし！」と答えて、あとは部会長が決めることになります。

たとえ議員の半数以上が反対していたとしても、部会長の一任で覆ってしまうこともあります。もっとも、部会長の一任に委ねられることは滅多にありません。何事も多数決で決める国会とは、この点が大きく違いますね。そして部会で決まったことに従うのが、自民党の文化です。

部会長は、必ずしも担当部会の専門知識を持っているとは限りません。安全保障に明るくない議員が、国防部会の部会長に任命されることもあります。令和三（二〇二一）年には、党内で選択的夫婦別氏制度に関する議論が盛り上がり、内閣部会で審議されました。このとき部会長を務めていたのは、医療を専門とする議員でした。専門外の方だったからこそ、よく勉強したうえで議論に挑んでいらっしゃいました。

渡邉 自民党には、部会のほかに調査会と特別委員会という会合もありますね。

長尾 調査会は分野別に幅広く議論するための会合です。党内に三十を超える調査会があり、例えば厚生労働分野だと、雇用問題調査会と医療基本問題調査会があります。

調査会では、法案やそれに関する全体像の議論や、今後の方針を議論します。現在直面している問題について、新たに法律を作るべきか、それとも改正すべきか、そのようなことも検討します。

次に特命委員会ですが、これは特定のテーマに沿って、法律に関わることだけでなく、関わらないことも審議する会合です。

令和五（二〇二三）年一月には、防衛力の抜本的強化に伴う財源確保のあり方に関して、萩生田光一氏を委員長として「防衛関係費の財源検討に関する特命委員会」が発足され、大きく報道されましたね。

自民党を支える税調と政調会

渡邉　次に自民党を裏で支える税務調査会（税調）と政務調査会（政調会）について語りたいと思います。

長尾　税調には政府税調と自民党税調があり、二つは常に連携しています。政府税調は内閣府に設置された審議会の一つで、増税や減税など税制に関する審議をしています。

自民党税調もまた、税制を担う機関です。

自民党には、税制に関して業界団体からさまざまな要望が寄せられます。例えば自動車業界です。自動車やガソリンには多くの税金がかけられています。だから業界団体から減税してもらいたいという要望が寄せられるのです。税調は一年中、このような要望を受けながら、情報を集めています。

毎年十二月には、自民党税調の全体会議が行われます。十二月上旬から中旬にかけて、具体的にどのような措置をとるか議論します。この会議で出た結論をもとに、政府は税制を改正します。

渡邉　一方、政調会は、政策を立案するうえで欠かせない機関です。政調会では、トップの政調会長に、自民党に雇われた職員が仕えています。

部会では各専門分野の議員が集まり審議します。専門の議員の意見だけでは、バラバラになってしまうこともあるでしょう。それを調整するのが政調会の役割です。予算を決めたり政策を実現させたりするうえで、極めて重要な存在です。

彼らは部会にも参加するし、審議に必要な資料を集めます。時には議員に意見して政策立案に一役買うこともあります。

職員の仕事はそれだけではありません。政策の実行を主導するのです。例えば農林水産省と協力しながら、魚の消費拡大キャンペーンというような政策を実行します。さらに自民党員を集めた研修会を運営することもあれば、選挙運動を手伝うこともある。まさに縁の下の力持ちです。

長尾　部会で一番大事なのがまさに政調会の職員の存在です。部会では審議を聞きながら筆記しています。議員もメモは取りますが、この部会でどのような意見が出て、どのような議論がなされたかということを、彼らはとにかく細かくチェックしています。その仕事ぶりは、本当に霞が関の官僚並みにすごいですよ。

政調会は非常に優秀な組織です。平成三十（二〇一八）年に出入国管理及び難民認定法（入管法）を改正、翌年には改正入管法が施行されましたが、このときに、政調会はその能力を存分に発揮しました。

この改正は、外国人労働者の入国規制を緩和させるためのものでした。日本には、深刻な人出不足に悩んでいる地域や業界があります。そこで外国から労働者を招くという判断をしたのです。

しかし、保守派の方からは「移民法」といわれ、自民党はお叱りを受けました。ただ、法改正にあたって入国管理局を発展させ、出入国在留管理庁を設置しました。これがポイントです。

入国管理局は、入国する外国人を管理するだけの機関でした。そのため入国した外国人がどのように日本で過ごしているのか、それを管理できずにいました。しかし、新たに出入国在留管理庁を設置したことで、これを解消したのです。

入管法の改正や出入国在留管理庁の設置にあたって、政調会が主導するかたちで、政府から提出された案に対する議論を続けました。政調会での議論が終わると、今度は役人が意見を持ち帰り、省内で議論する。そうして導き出された案をもとに、再び政調会で議論するのです。普段の十倍の時間をかけて議論していましたが、政調会の仕事ぶりに、彼らの能力の高さを改めて実感したことを覚えています。

曲者だらけの総務会

渡邉　法案はまず部会での審議を経て、次に政調会で審議します。そして政調会でまとめた政府提出法案や議員立法は、総務会に提出されます。総務省は法案作成の最後の関門で、自民党の最高決定機関です。法案の中身が適当なものであるか、総務会のメンバーが話し合うのです。

長尾　令和五年六月現在、総務会長は遠藤利明《えんどうとしあき》氏が務めています。

渡邉　総務会には会長を含めて二十五人の委員がいます。以前は、総務会の委員といえば、村上誠一郎《むらかみせいいちろう》氏が有名でした。あるいは石破《いしば》茂《しげる》氏も委員でしたね。彼らのような〝うるさ型〟の重鎮議員が名を連ねるのが伝統で、提出された法案に注文がつくことや、法案が差し戻されることも珍しくありません。法案を推進する議員は、総務会の委員に「先生、何とかお願いします」と頭を下げるので、委員たちはどんどん天狗になります。

長尾　役人もゴマスリしますからね。

渡邉　うるさ型の委員は、どんな法案にも反対します。それが分かっているから、役人は根回しに力を入れる。そうして委員は権威主義化します。

長尾　そうですね。法案を国会に提出するまでのあいだに、党内で丁寧な議論や手続きを踏んでいる反面、総務会に対するネガティブな指摘はずっとあります。

渡邉　総務会での議論を経て、全会一致で党の決定事項となります。

総務会で一つの法案をめぐって意見が対立した場合は、メンバーがそれぞれ所属する派閥に持ち帰り、派閥内で意見を調整します。それでも意見がまとまらないときは、法案に反対する委員はその場を退席して、議決には参加しません。退席によって反対の意思を示すというのが、昔からの慣習です。

なぜ派閥政治が根づいたか

渡邉　自民党政治を象徴するものといえば、やはり派閥です。何かというと派閥は批判の対象になりますが、複数の人間が集まれば自然と派閥ができるもの。これは政界に限った話ではなく、学校のクラスにもいくつか派閥があったはずです。また、自民党という巨大な政党においては、派閥でイデオロギーをある程度まとめる必要があります。

自民党には清和研（安倍派）、平成研究会（茂木派）、志公会（麻生派）、宏池会（岸田派）、志帥会（二階派）、近未来政治研究会（森山派）の六つの派閥のほか、ガネーシャの会（菅グループ）、有隣会（旧谷垣グループ）、水月会（石破グループ）があります。

なぜ自民党に派閥政治が根づいたかというと、選挙で勝利するためでした。

現在、衆院選では小選挙区制が採用されており、一つの選挙区から一人の議員を選出します。しかし、平成五年七月に行われた第四十回衆議院議員総選挙までは、中選挙区制が採用されており、一つの選挙区から複数の議員を選出していました。だから自民党の候補者同士が、同じ選挙区で票を奪い合っていたのです。地方選をイメージすれば分かりやすいでしょう。例えば令和五年四月に行われた東京・区議会議員選挙です。

千代田区の場合は、二十五議席に対して、十三人の自民党候補が出馬して、議席を争いました（うち四人は落選）。

中選挙区制の時代、旧岡山二区では加藤《かとう》六月《むつき》氏と橋本龍太郎《はしもとりゅうたろう》氏が激しい選挙戦を繰り広げました。この争いは「六龍戦争」と呼ばれていたほどです。加藤氏は清和会（現・清和研）、橋本氏は周山会（佐藤派）や木曜クラブ（田中派）に所属していました。つまり六龍戦争は両氏の争いであると同時に、派閥の争いだったのです。

以上のような事情から、自民党には派閥政治が根づいていきました。

小選挙区制が導入された現在も、派閥の役割はあります。まずは選挙時に候補者を応援することで、派閥に所属する議員同士が助け合います。衆院選なら参議院議員、参院選なら衆議院議員、そのほか秘書やスタッフも含めて全力で応援します。

長尾　自民党の派閥では、役割が分担され、派閥の執行部から「長尾議員は○○候補の応援に行ってください」と指示されます。もちろん、その他の候補者を応援してはならないということではありません。閣僚経験者や知名度の高い議員は、派閥を超えて、候補者の応援に駆けつけます。ただ、無名の議員がほかの派閥の候補者の応援に行くことはありませんね。ちなみに補欠選挙であれば、派閥の仲間たちがみんなで応援に行きます。

派閥の〝餅代〟はもうない？

渡邉　選挙で派閥の恩恵を最も受けるのは新人候補です。新人候補は選挙の戦い方を分かっていません。そこで、応援に駆けつけた先輩議員やその秘書から選挙のイロハを学ぶのです。

また、当選したばかりの新人議員には、献金をしてくれる支援者があまりいないでしょう。以前は、派閥の先輩議員が「この団体に挨拶に行ってきなさい」と助言して、政治資金の集め方を伝授してくれました。

長尾　確かに昔はそうだったようです。派閥がいまよりも機能してきたときの話です。

渡邉　そういえば以前は、年末になると各派閥が所属議員に〝餅代〟を配っていたでしょう？

長尾　いまはもうありません。

渡邉　党に政党助成金が支給されると、各派閥に分配されます。そして年末になると、派閥の会長が所属議員に分配する。これを餅代といいます。

金額は派閥によってまちまちでした。派閥を運営するにあたって、事務所を借りるほか、会合のときの飲食代や、勉強会で招いた講師の手当など、何かとお金がかかります。また、派閥によって、政治資金パーティーで集めたお金の金額も異なります。だから議員一人当たりの餅代は、派閥によって差異が出るというわけです。

この餅代もまた、以前は派閥の大きな役割でしたね。

長尾　昔は政治資金が青天井でしたから。しかし「政治とカネ」が問題視され、献金には上限が設けられました。現在、個人献金は百五十万円、企業献金は七百五十万円までという上限があります。

こうして派閥も議員も、お金をいただきづらくなりました。これもまた、派閥が以前ほど機能しなくなった理由の一つでしょう。

人材育成は派閥の役割

渡邉　総理・総裁候補を育てて輩出することもまた、派閥の役割です。

三年に一度開催される自民党総裁選では、各派閥から総裁候補の名前が挙がります。令和三年の総裁選では、宏池会の岸田文雄氏、志公会の河野太郎《こうのたろう》氏、無派閥の高市早苗氏と野田聖子《のだせいこ》氏が出馬しました。

しかし、この総裁選を振り返れば分かるとおり、すべての派閥から候補者が出馬しているわけではありません。派閥内に、必ずしも総理・総裁候補になり得る人材がいるとは限らないからです。

そうした場合、取るべき手段は合従連衡《がっしょうれんこう》です。派閥から当選する見込みのない候補者を無理やり出馬させるくらいなら、たとえほかの派閥に属していても、当選する可能性の高い候補者を応援したほうがよいでしょう。安倍政権下で毛色が違う二階俊博《にかいとしひろ》氏が重用されたのも、まさにこの手段を取ったからであり、志帥会を挙げて安倍総理（当時）を支えました。
勉強会を開催することも、派閥の大事な役割でしょう。これが最も大きな役割といえるかもしれません。部会に加えて派閥でも勉強することで、議員は知識を蓄え、政治家として成長することができます。
長尾　各派閥は毎週木曜日の十二時にそれぞれの会場で会合を開きます。清和研の場合は所属議員の数が多いので、自民党本部の会議室で、党本部の食堂の料理をいただきながら、会合を行っています。
そのほかの派閥は、永田町界隈にそれぞれ事務所を借りており、事務所で会合を行います。清和研と比べると食事も豪華です。志帥会の同僚議員が「うちの今日の食事は鰻重でした」とメールで食事の写真を送ってきて、「あっちはずいぶんといい物を食べているなあ」と清和研メンバーで苦笑しましたね（笑）。
渡邉　会合ではどのようなことを話すのですか？
長尾　派閥によってさまざまだと思います。清和研の場合はまず会長が挨拶をして、次に衆参の情勢や、法案の審議の進捗状況を確認します。その後、所属議員の政治資金パーティーのスケジュールを発表して、出席を促すこともあります。

最後に事務局長から「ほかに何か発言はありますか？」と訊かれ、なければ会合は終わりになります。

会合で重要なのは、きちんと出席しているかどうかということ。集まることで、ほかの派閥の会合に行っていないか、その確認にもなるわけです。

ちなみに会合の冒頭には記者が取材を行います。彼らは取材が終わると退出しますが、廊下で耳を立てて聴いている可能性があるでしょう。だから総裁選はどう戦うかというような話はいっさいしません。重要な話は必ず個別で行います。

派閥は議員の後ろ盾

渡邉　本来、派閥には同じような政治信条を持つ議員が集まるものですが、実際には異なる考えを持つ議員が集まっていますね。

長尾　確かに異なる考えの議員が混在しています。また、派閥は政策集団といいながらも、実際には派閥内で常に政策議論をしているわけでもありません。保守的な清和研にも親中派の議員がいるし、保守的とはいえないイメージの派閥にも中国に厳しい姿勢をとる議員がいるでしょう。やはりどの派閥も、思想信条で集まっているというよりは、自分が政治家になるまでの経歴や、政治家になった経緯や自民党に入党した経緯のほか、政治家になってから誰に面倒をみてもらったのか、つまり義理人情で集まっているというのが真実です。

渡邉　それもヤクザの世界と同じですね。

新人の候補者が衆院選に小選挙区で出馬する場合、その選挙区の前任者が所属していた派閥に入会しなければなりません。極めて保守的な思想を持っていて、清和研への入会を望んでいたとしても、前任者が宏池会に所属していたら、その候補者は宏池会に入らなければならないのです。これもまた、派閥に異なる考えを持つ議員が集まる理由です。

長尾　私は民主党時代も併せて二十年間、大阪十四区で戦いました。令和三年に落選しましたが、次は参議院に鞍替えして、全国比例での出馬に向けて活動中です。では、来たる衆院選で誰が大阪十四区を引き継ぐかといえば、清和研に入会する人です。大阪十四区は清和研の〝シマ〟であるということです。

渡邉　ヤクザの世界でいうシマですね。清和研のシマで宏池会の議員が出しゃばることはできません。

長尾　以前、宏池会に所属する議員が亡くなり、補欠選挙が行われたときには、宏池会が仕切り、当然候補者も宏池会に所属していました。つまり選挙区ごとに、どの派閥が仕切るかが決まっています。

もちろん、時には宏池会のシマが清和研のシマに変わることもあります。

渡邉　ちなみに長尾先生はどのような経緯で清和研に入ったのですか？

長尾　私の場合は、民主党と同じ選挙区で出馬したこともあり、前任者と同じ派閥に入らなくてはならないという縛りはありませんでした。

　では、なぜ清和研に入会したかというと、安倍総理（当時）から直々にお誘いいただいたからです。平成二十六（二〇一四）年十二月の衆院選で、自民党候補者として初めて当選した次の日に電話をいただきました。安倍氏は「おめでとう」と祝福してくれ、次にこういわれました。

「派閥の話なんだけどさ。最初は無派閥で活動する人もいるけど、長尾さんはどうする？　清和研に来ない？」

　私は「ぜひご一緒させてください」と即答。こうして清和研に入会したのです。

渡邉　そのような素敵な経緯があったのですね。

　派閥には玉石混淆《ぎょくせきこんこう》の議員が集まりますが、それでもそのときどきの会長によって、ある程度の色がつくものです。清和研は保守寄りだし、宏池会はリベラル寄りです。

　一方、派閥のなかでまったく色を感じないのが志帥会です。志帥会は、二階俊博という親分にくっついている議員の集まりです。

　二階氏は平成二十八（二〇一六）年から約五年にわたって幹事長を務めました。

これは歴代最長です。その間に派閥を拡大しました。

なぜそれが可能だったかというと、幹事長には選挙の公認権があるからです。自民党に入党したい、自民党の公認で出馬したいという人は、みんな二階氏に会いに行きました。当然、入党や公認は志帥会に入会するのが条件となります。だから志帥会は拡大しました。

加えて幹事長には各選挙区の支部長を決める権限もあります。昨今、「一票の格差」を理由に選挙区が減らされています。例えば選挙区Ａと選挙区Ｂが合区となり、一つ削られることになった場合には、一人が自分の選挙区を失うことになりますが、幹事長と同じ派閥に所属していたら、間違いなく選挙区を失わずに済むでしょう。

だから多くの議員は強い派閥に入りたい。後ろ盾がほしいのです。この点もヤクザの世界と同じです。

長尾　派閥というのは、もはや政策集団という側面だけではなく、人事のためにあるといえるかもしれません。政務三役や党四役、そして部会長を誰に任せるか、内閣発足と改造のタイミングで各派閥の事務総長が協議します。

ちなみに協議は、派閥の会長や事務総長の押しの強さが影響します。事前にそれぞれの派閥で所属議員の希望を聞いたうえで協議に臨み、一人でも多くの議員が要職に就けるように交渉するからです。

政治は任侠

長尾 自民党では、派閥を移籍するのは御法度です。

渡邉 しかし、現職の議員のなかにも、移籍した人がいますよね。

長尾 その大半は大した理由ではありません。信念を持って派閥を移籍したという議員はあまりないと思います。どの組織でもありがちな話だと思いますが、好き嫌いで抜ける。その程度の理由です。

渡邉 派閥は自民党特有のものですが、民主党でも互いに選挙の応援をすることはあったと思います。何かルールはありましたか？

長尾 民主党には派閥の代わりにグループがありました。私は、平成二十一年に初当選した際には小沢《おざわ》（一郎《いちろう》）グループに所属、しばらくしてから樽床《たるとこ》（伸二《しんじ》）グループに移籍しました。

小沢グループでは、選挙時にグループ所属議員の応援を積極的に行っていました。小沢氏は自民党で幹事長を務めた人物なので、自民党のやり方を民主党でも続けていたのです。しかし、樽床グループを含むほかのグループには、このようなしきたりはなく、各議員が自由に活動していました。ほかのグループに親しい候補者がいたら、応援に駆けつけていましたよ。

渡邉 民主党のグループは、烏合の衆のようなものだったのですね。

長尾 そのとおりです。年がら年中集まってお酒を飲んでいました。縛りもなく、二つのグループに所属している議員もたくさんいました。

渡邉 自民党の派閥はヤクザの世界と似ています。ヤクザも自民党も権力闘争を繰り広げているでしょう。選挙のたびに派閥の勢力図が変わります。落選する議員も少なくないからです。まさに党内で権力闘争が行われているということです。一方、民主党のグループは愚連隊のような存在ですね。指揮系統がはっきりしていないでしょう。

ヤクザの場合は組長が黒といったら、たとえ白でも黒になる。ヤクザの一次団体が集まって話し合いをして、決定したことにはみんな従わなくてはなりません。

平成十七（二〇〇五）年に小泉純一郎《こいずみじゅんいちろう》総理が（当時）推進した郵政民営化法案

に反対した議員は、みんな党を追われたでしょう。これはヤクザの世界も同じで、上の決定に従わないと破門なります。

長尾　そういわれると似ていますね。そして前述しましたが、永田町は貸し借りが多い世界です。例えば派閥の会長同士で「悪いんだけど、○○部会長は、前回譲った分今回はうちの派閥にやらせてくれないかな」というやりとりもあるようです。互いに貸し借りをしているわけです。

渡邉　同様の貸し借りは、予算案や法案を成立させるために与野党間でも行われているでしょう。

長尾　そして貸しを作ったことも借りを作ったことも、みんなよく覚えています。

渡邉　麻《あ》生《そう》太《た》郎《ろう》自民党副総裁の座右の銘は「義理と人情とやせ我慢」ですが、要は〝政治は貸し借りの世界〟といっているようなものですね。

力を発揮した「野生の安倍さん」

渡邉　派閥の会長や当選を重ねたベテラン議員は、党内に仲間が多く、政界で大きな力を持っています。

そんな彼らは、選挙になるとさまざまな選挙区に足を運んで演説を行い、後輩議員を応援しています。安倍元総理は令和四（二〇二二）年七月に行われた参院選で、七月五日には宮城県仙台市で桜井充《さくらいみつる》候補、七月六日には神奈川県横浜市で三原《みはら》じゅん子候補、七月七日には兵庫県神戸市で末松信介《すえまつしんすけ》候補、福島県田村市で星北斗《ほしほくと》候補の応援と、凶弾に倒れる直前まで各候補の応援を続けました。七日には岡山県岡山市で開催された小野田紀美《おのだきみ》候補の個人演説会にも参加しています。

安倍氏は総理退任後、最大派閥・清和研の会長として、党内で絶大な影響力を持っていました。総理経験者だったため、すべての省庁の事情をよく理解しました。そんな人物が要職に就いていないとどうなるかというと、党を動かす原動力になります。例えば安倍氏が部会に出席して、何か意見をすれば、たちまち党の方向性が百八十度転換することもあり得たのです。

実際に安倍氏は、令和四年五月二十日にインターネット番組に出演した際に、自衛隊について〈機関銃の弾からミサイル防衛の（迎撃ミサイル）「SM3」に至るまで、十分とは言えない。継戦能力がない〉（時事通信・同年五月二十一日）と語っています。

また、同年六月二日に派閥の会合に出席した際には、〈NATO加盟国の正面にあるのはロシアだけだが、日本の場合は中国と北朝鮮も加わってはるかに状況は厳しく、本来であればGDPの2％を超える額が必要になる。大きな戦略と世界的な視野を持ちながら議論してもらいたい〉（NHK・同年六月二日）と語りました。

長尾　令和二（二〇二〇）年九月に総理を退任された安倍氏は、菅義偉政権下では陰で支えることに専念していらっしゃいました。しかし、菅総理が一年で退任、令和三年十月に岸田文雄政権が誕生すると、活発に動くようになりました。令和四年七月の参院選では自ら陣頭指揮を取り、各所に頻繁に連絡を入れていました。

いまだからいえますが、水面下での動きも激しく、岸田政権に直接揺さぶりをかけることもありました。

渡邉　日本が直面する問題を踏まえたうえで、時に挙党一致で対応できるよう活動していた印象です。そんな安倍氏は「野生の安倍さん」といわれるようになりましたね。

長尾　総理という立場では、できないことが多々あります。例えば安倍氏は「台湾有事は日本有事」と述べ、中国を牽制しましたが、これは総理時代にはいえなかったことです。

非常にのびのびと活動される安倍氏の姿を見て、私は三度目の総理就任も期待していました。総理という立場ではできないことがある一方で、総理でなければできないこともあるからです。

安倍政権が八年続いた理由は

渡邉　安倍政権は七年八ヵ月にわたって続きました。近年の歴代政権が短命に終わるなか、なぜ安倍氏が長期政権を築いたのかというと、やはり最大派閥・清和研出身だったことが大きいのではないでしょうか。総理在任中は細田《ほそだ》博之《ひろゆき》氏が会長を務めていたとはいえ、実際には安倍氏の色が濃い派閥だったし、所属する議員の多くが安倍氏を支えていました。

長尾　おっしゃるとおりですね。加えて安倍氏はバランス感覚が抜群でした。官邸のパワーバランス、霞が関のパワーバランス、永田町のパワーバランスをよく見極めていた印象です。

政界に限らず、どの組織にも不平不満を持つ人がいるものです。しかし安倍氏はその都度、最善の策を講じながら、組織内で波が立たないように努めていました。

渡邉　ほかの派閥ともバランスよくつき合っていましたね。

安倍氏は、麻生太郎氏が率いる志公会と協力関係にありました。平成二十四年十二月に第二次安倍政権が発足して以降、志公会からは麻生氏（副総理兼財務大臣）、山口俊一《やまぐちしゅんいち》氏（内閣府特命大臣）、河野太郎氏（外務大臣ほか）、松本純《まつもとじゅん》氏（国家公安委員長ほか）、鈴木俊一《すずきしゅんいち》（国務大臣）、原田義昭《はらだよしあき》氏（環境大臣ほか）、岩屋毅《いわやたけし》氏（防衛大臣）、田中和徳《たなかかずのり》（復興大臣）といった面々を大臣に任命しています。

そこに二階俊博氏が率いる志帥会も乗っかったのです。この時点で、安倍氏は過半数を超える自民党議員を結集させることに成功しました。

長尾　盟友の麻生氏だけでなく、政治信条が真逆の二階氏を取り込んだのは、安倍氏の巧さです。

やはり政界に限らず、どんな組織でも、自分に反旗を翻す恐れのある人は、自分のそばに置いておく必要があります。野放しにすると、どこで何をやるか分からないですから。ポストを与えるから黙れということです。

渡邉　この点もヤクザの世界と同じですね。

長尾　党内には安倍氏の誘いを断った人物もいます。農林水産大臣のポストを蹴った石破茂氏です。

石破氏は平成二十四年から平成二十八年にかけて幹事長、内閣府特命担当大臣（国家戦略特別区域と地方創生）を歴任しましたが、その後は閣僚入りはしませんでした。その間は、全国を回って地方議員と交流を重ねたのです。総裁選で地方票を上積みすることが目的でした。

話を安倍氏に戻しますが、安倍政権だからこそできたことがたくさんあります。平成二十七（二〇一五）年に成立した平和安全法制はその一つです。

国会でこの法案を審議しているとき、野党やメディアは「戦争法」と呼びました。そして「日本はまた戦争をする国になる」「徴兵制が始まる」などとデタラメなことをいい、安倍政権を批判し続けたでしょう。その影響で、安倍政権の支持率が下落し、一時は四〇％を下回りました。それでも安倍氏には、この法案を絶対に通さなくてはならないという意志の強さがありました。それに周りがついていったのです。このような覚悟があったから、結果的に長期政権につながったのだと思います。

渡邉　自民党は労働組合や宗教団体など、特定の組織を代表する政党ではなく、国民全体を代表する国民政党です。だから党内には右派もいれば左派もいます。

より多くの人を集めた者が勝つのが民主主義です。そして数を集めるためには、団体戦で勝たなくてはなりません。

政治家のなかには、生まれ持ったカリスマ性で支援者を集める人もいますが、やはり仲間を作らなければ、なかなか勝てるものではないでしょう。もちろん、その過程で妥協することもあります。百人の政治家がいたら、百通りの考え方があるからです。

しかし、異なる意見を持つ者と意見をぶつけることで、一つの案がよりよい案になることもあります。民主主義のもとでは、過激な政策を断行しづらくなるものです。しかしその代わりに、安定した政権運営が期待できるのです。

大臣は最終ポストではない

長尾 自民党には重しのような存在のお方がおられます。この存在こそが、自民党政権が続く大きな理由だと考えています。

政界引退後も存在感を発揮する森喜朗《もりよしろう》元総理が、まさに自民党の重しです。総理を辞任したあとの安倍氏も重しでしたし、現役なら二階俊博氏も重しです。

渡邉 政治信条に賛同できるかどうかは別にして、やはり二階氏の存在感はすごい。イデオロギーを問わず多くの議員を従わせています。昔ながらの政治家ですね。

長尾 重要な会議などで意見が割れていても、二階氏が口を開くと、だいたい話がまとまってしまいます。〝玉虫色〟にまとまるのです。

渡邉 それは森氏も同じですね。法案をめぐって揉めていても、森氏が出ていくとまとまってしまう。

長尾 たとえ譲りたくないことでも、「森先生がそうおっしゃるなら……」と納得せざるを得なくなる。

渡邉　平成二十五（二〇一三）年に東京五輪の開催が決まると、すぐに新国立競技場の建設をめぐって揉めました。ところが森さんがあっという間に話をまとめたでしょう。

長尾　森氏のような老練な方がいるから、自民党政権は続きます。民主党政権が続かなかった理由の一つは、森氏のような存在がいなかったからです。

私の印象では、民主党における最終ポストは大臣でした。しかし自民党では、大臣は中間ポストです。総理大臣ですら中間ポストです。

では、自民党の最終ポストは何かといえば、まさに森氏や二階氏のような重しになることです。総理や閣僚経験者として、党内で強い影響力を持って政治を動かす存在です。総理や大臣を辞任してからも、あるいは政界を引退してからもキングメーカーとしての役目があるのです。

森氏や二階氏に限らず、総理や閣僚経験者は何かしらの形で影響力を持っています。また、自民党議員はこうした重しの意見をよく聞きます。安倍氏はこういう諸先輩方とのやりとりが上手でした。何か揉め事が起きたときに諸先輩に相談する。時には「安倍くん、私が何とかするよ」といってもらったことがあったはずです。リーダーシップを発揮するために、先輩方を利用するしたたかさがあったのです。

また、重しとなった方々は、それぞれ官僚OBとも強い関係を築いています。そんなOBが現役の役人に意見することもあるでしょう。だから政治を動かすことができるのです。

民間企業とは違う不文律があると感じています。もちろん、良し悪しはあるのかもしれませんが、総理や大臣を辞任した人にも、あるいは政界を引退した人にも役目がある。これが自民党のすごいところです。

もちろん、裏目に出てしまうこともありますけれど。

第3章

誤解だらけの国会議員の仕事

国会議員の歳費は高すぎる？

渡邉　国家議員は歳費をもらいすぎなのではないか、裏で悪いことばかりしているのではないか……と不満に思っている国民は少なくありません。どうも政治家はあらぬ誤解を受けているようです。そこで国会議員をテーマに語り、彼らに対する誤解を解いていきたいと思います。

　まずは国会議員の歳費についてです。議員歳費は税金から賄われているため、「給料が高すぎる」といいたくなる気持ちも分からないではないですが、もらいすぎということはないでしょう。

長尾　正直、活動すればするほど充分な額ではない、という感じです。ただ、何もしなければ、確かにもらい過ぎですね。

渡邉　国会議員の歳費は、衆参ともに百二十九万四千円です。六月と十二月にはそれぞれ三百十四万円の期末手当（ボーナス）、さらに調査研究広報滞在費（活動経費）として月に百万円が支給されます。

これだけの額を見れば、十分な歳費を受け取っているように感じます。それでも多くの議員や自民党の派閥は、頻繁に政治資金パーティーを開催して集金しています。パーティーでは出席者から二万円ほどの会費を徴収します。

なぜパーティーで集金しているかというと、歳費だけでは満足に活動できないからです。議員は真面目に活動すればするほど、お金がかかるものです。

まず、議員は自分の選挙区に事務所を借りなければなりません。事務所は駅前など、人が来やすい場所を選ぶものです。選挙のときには支援者が集まるので、広いスペースが必要になります。だから家賃は高くなり、さらに光熱費もかかります。

東京一区（千代田区、港区の一部、新宿の一部）や二区（中央区、台東区）のようにエリアが狭い選挙区で活動する議員ならば、事務所を一つ設けるだけで十分でしょう。しかし、広い選挙区で活動する議員の場合は、複数の事務所を設置しなければなりません。

加えて事務所ごとに秘書を常駐させなければならず、その秘書の給与は議員が賄うことになります。

歳費が国費から支払われる公設秘書は、議員一人につき三人までしか雇うことができません。国会法百三十二条で〈主として議員の政策立案及び立法活動を補佐する秘書一人を付することができる〉と定められているとおり、立法能力を持つ政策担当秘書に第一・第二秘書を含めた三人のみしか公設秘書として雇えないのです。

公設秘書は、主に東京・永田町の議員会館で仕事をしているので、選挙区内の事務所に駐在して、有権者からの陳情を受けることなどできません。だからそのほかに私設秘書を雇うことになります。

また議員は、自分で車を運転して事故を起こすと、失職につながる可能性があるので、運転手を雇わなくてはなりません。

長尾　確かに昔は十数人も雇っている事務所もあったと思います。

渡邉　丁寧な仕事をするなら、公設秘書を入れて最低でも七人くらい必要でしょう？

長尾　力のある議員、資金が潤沢な議員なら、事務所ごとに秘書を雇うことができます。しかしそうでない議員は、常駐員を一人置くのが精一杯です。

部会や地元のイベントに参加できないときは、秘書に代理で参加してもらうことが多々あります。だから議員は、必ず秘書を雇わなければ仕事になりません。その費用をどうするか、多くの議員が頭を抱えていますよ。

渡邉　長尾先生は最大で何人秘書を雇っていましたか？

長尾　公設秘書を合わせて最大で九人です。六人分の人件費は寄付やパーティー、党からいただくお金で賄いました。私設秘書の社会保障費事業主負担分も払わなくてはならないので大変でした。

調査研究広報滞在費は足りない

渡邉　国会議員には月に百万円の調査研究広報滞在費が支給されています。以前は文書通信交通滞在費と呼ばれていました。国政に関する調査研究、広報、国民との交流、滞在などの議員活動を行うために支給されます。

長尾　調査研究広報滞在費に対する批判は多いですが、真面目に政治活動すると、百万円はすぐになくなってしまいます。議員の個人口座に振り込まれ、全額非課税ですから勘違いされても致し方ないのですが、百万円はポケットに入れるのではなく、私が知る限りでは、どの議員もきちんとした活動に使っています。ですから、きちんと領収書を取って報告義務を課せばいいと思います。これを拒む理由などないはずです。

渡邉　議員は後援会の会員に活動報告をするため、定期的に会報を発行します。制作費や封筒代、郵送料などを合わせると、少なく見積もっても一部につき百円はかかります。

衆議院議員の後援会となると、選挙区内にどんなに少ない事務所でも三〜四万人の会員がいるものです。十万人以上の会員がいる事務所もあります。昨今はメールで活動報告をすることが多いので、以前ほど会報を発行しませんが、仮に年一回発行するだけでも、数百万円のお金が必要になります。

それから議員には、「ＪＲ無料パス（特殊乗車券）」が支給されます。このＪＲ無料パスで、新幹線や特急の指定席券と引き換えることができるのです。また、議員には「航空券引換証」も支給されます。

長尾　ＪＲ無料パスや航空券引換証に対しては、批判的な目で見ている方がいらっしゃるかもしれません。ただ、サラリーマンは通勤交通費や出張費が会社から支給されます。それと同じで、議員の交通費は衆議院議員なら衆議院、参議院議員なら参議院が支給しているのです。決して無料で電車や飛行機に乗っているというわけではありません。

ＪＲ無料パスは、駅の改札で駅員さんに提示すれば改札を通してもらえますが、ほとんどの議員は、秘書が第一議員会館の地下にあるＪＴＢで、事前にチケットを手配しています。

私は議員時代、駅にあるみどりの窓口でＪＲ無料パスを見せ、専用の申込書に名前や乗車する列車を記入し予約していました。そうすれば駅員さんが座席を手配しれくれます。

ちなみにどの議員がいつどの新幹線に乗ったか、調べればすぐに分かります。また、車掌さんはＪＲ無料パスで乗車した議員を車内で確認しています。だからもし公務ではなく私用でＪＲ無料パスを使ったら、公務のスケジュールと照らし合わせて、調べようとすれば調べられるのです。

渡邉　私用で使ったら、失職にもつながるわけですね。

長尾　そのとおりです。だから恐ろしくてそんなことはできません。

一方の航空券引換証ですが、私の選挙区は大阪だったので、月に十七〜十八万円分のクーポンをいただいていたことになります。ビジネスクラス相当三往復分のクーポンを使い切ると、以降の交通費は自腹です。私は、ビジネスクラスに乗らずエコノミークラスに乗って、回数を稼いでいました。涙ぐましい努力でしょう？（笑）

なお、東京、神奈川、千葉、埼玉など、選挙区が東京近郊にある議員には、航空券引換証は支給されません。あくまでも地元が地方の議員が月曜の朝に出発して、九時に東京・永田町で行われる会議に参加できるように、航空券引換証が支給されているわけです。

渡邉 補選が行われるときに、お世話になっている議員に応援を頼まれたら、断るわけにはいきません。応援に行くだけでもかなりお金がかかるでしょう?

長尾 選挙の応援は公務ではないので、クーポンを使えません。私費で行きます。

渡邉 義理事にお金がかけているという点も、やはりヤクザと同じですね。

長尾 余談になりますが、国会議員が朝九時に永田町に来られることを考慮して、全国の電車や飛行機の始発時間を決めているという「都市伝説」を聞いたことがあります。いまはどうか分かりませんが、ひょっとしたら昔はそうだったのかもしれません。

渡邉 東京一区や二区のように、自分の選挙区がJRのエリア内にある議員は、JR無料パスがあれば十分でしょう。ところがエリアが広いと議員パスでは足りません。例えば東京三区の場合、品川区のほかに大島、三宅島、八丈島、小笠原村などを区域とします。活動エリアが離島にまで及んでいるため、ＪＲ無料パスだけでは不十分です。

また、移動には秘書も同行するため、秘書の交通費も必要になります。

長尾　それから議員は、視察で国内外に足を運びます。派閥でも毎年一回研修会があります。例えば長野県の耕作放棄地をワイン畑にしたという場所に視察に行ったことがありました。

よく誤解されるのですが、こうした視察は私費で行っています。交通費だけでなく、場所によっては宿泊費もかかります。

国費で行かせていただく視察は、厚生労働委員会や国土交通委員会などのメンバーで行く委員会視察のみです。ただ私は十年間議員を務めたあいだに、一度も委員会視察にご縁がありませんでした。

委員会視察は滅多に行われるものではありません。税金で行くということで、世間が納得しないでしょう。そうそう行くわけにはいかないのです。

渡邉　頻繁にテレビに出演しているような知名度が高い議員のなかには、週末になっても地元に帰らない、会報も制作しない議員がいます。何もしなくても、知名度だけで当選できるからです。そのような議員にとっては、調査研究広報滞在費は給与と同じようなものなのかもしれません。

このような〝不真面目〟な議員の歳費は、削減すべきだと思います。しかし〝真面目〟な議員の歳費まで削減するのはどうでしょうか。もし削減してしまったら、まともな活動などできなくなるので問題です。

国会議員の懐事情

長尾　国会議員の歳費は、賞与も合わせると年間約二一〇〇万円です。平成二十三（二〇一一）年三月十一日には東日本大震災が発生しました。すると、国会議員の歳費が二割削減され、歳費は二〇〇〇万円を下回りました。

では、議員時代の私は、月に手取りでいくらもらっていたと思いますか？

渡邉　八十万円くらいでしょうか？

長尾　惜しいです。震災が発生する前は七十万円を少し下回るくらいでした。震災後は歳費がカットされたことで、五十万円を下回りました。

私は議員になる前に民間企業で働いていましたが、そのころと比べると給与の額面は多いです。しかし、何かと天引きされるので、手取りはたいした額にならないのです。

渡邉　さらに民間企業とは違い補償もないでしょう。

長尾　雇用保険もないし、労働基準法も適用対象外です。つまり二十四時間働けということです。しかし朝から晩まで働いても、手取りはその程度なのです。

渡邉　天引きは議連の会費が多いのではないですか？

長尾　まさにそのとおりです。

渡邉　会費はいくらですか？

長尾　議連によって異なりますが、安くて月に百円です。最も多いのが月に三百円。高くて千円～三千円ですね。ただ、千円以上徴収する議連はあまりありません。

渡邉　集めた会費は資料の印刷代、会議を開く際の飲み物代、会議室の使用料などに使われるのですね。

長尾　そのとおりです。

一つひとつの会費の額はたいした額ではありません。ただ議員はいくつもの議連に参加します。私の場合は、最大で九十以上の議連に加盟していました。それでも少なく、百以上の議連に参加している議員がほとんどです。

毎月百近くの議連に会費を払うとなると、かなりの金額になります。それでも議員は議連に参加して、各業界の情報を収集したい。要するに議連の会費は情報料だということです。

以上のような事情から一点いっておきたいのは、お金儲けがしたくて議員になるという人はいないということ。そんな人は一人もいません。もしお金を稼ぎたいなら、政治の道には進まないほうがいい。起業するか、民間企業に勤めたほうが稼げます。

以前、ある著名人の娘さんが、ある議員の地元の秘書になりました。いざ働いてみたら「国会議員がこんなにお金がないとは思わなかった」とビックリしていたそうです。

議員を一度でもやった人は、みんな金銭的な厳しさを痛感しているはずです。

渡邉　もし議員になってお金儲けをしたいと考えているなら、参議院議員になるのがいいでしょうね。衆議院のように解散がないので、六年間安泰です。そしてその六年間は、いっさい仕事をしない。真面目に活動すればお金がかかりますからね、その代わりにテレビに出演して、講演会も行う。そうすればそれなりに稼げるでしょう。

長尾　手取りを増やそうとするならば議連にも入らないほうがいいでしょうね。

あとは会合にもいっさい参加しない。誘われても断ることです。要は、活動しないことです。

ちなみに議員は東京での会合に行くと、基本的に会費を払っています。時には立派なお店にご招待いただくこともあるし、後援会の方にごちそうになることもある。でもせいぜい年に一〜二回程度です。

会合ではビールを一杯いただいて、事前に「お料理はご用意いただだなくても大丈夫ですよ」と伝えておくべきだったなと後悔しながら、会費を払って、すぐに次の会合に行くこともしばしばです。一日に複数の宴席に出席していましたので、毎日数万円の出費がありました。政治団体から落とす資金もありませんでしたので、当然私費です。

また、ほかの議員の政治資金パーティーに出席する機会も多いのですが、必ず二万円の会費を払っています。もし一日に三件パーティーがあれば、合計で六万円払います。これは後援会口座からの出費で会計処理します。

もちろん、私がパーティーを開いたときは、ほかの議員からお金をいただきます。そうやって議員のお金はぐるぐると回っています。

何かと出費がかさみますが、会合に参加して、いろいろな人と出会い、よい関係を築かなければ仕事になりません。だから議連や会合に参加するのです。

渡邉　この点もヤクザの世界そのものですね。

長尾　いまだに政治家は金持ちだと勘違いしている人が少なくありません。それは誤解です。

渡邉　私の祖父は、ある国会議員と懇意にしていたのですが、生前、「議員はなるものではなく、使うものだ」と話していました。

長尾　うまいことをいいますね（笑）。

あらゆる分野の議員連盟がある

渡邉　議連についてもう少し詳しく聞きたいと思います。

長尾　議連は自民党内のものもあれば、超党派のものもあります。そして永田町には、世の中のありとあらゆるものに関する議連があるといっていいでしょう。

渡邉　議連と業界団体は表裏一体ですからね。お酒なら酒造振興議員連盟やａｗａ酒振興議員連盟があるし、たばこなら自民党たばこ議員連盟やもくもく会があります。

長尾　私は平成二十一（二〇〇九）年から平成二十四（二〇一二）年まで民主党の議員でした。当時、感じていたのは、民主党は労働組合の声だけを聞いているということです。労組の声は、どちらかというと大企業の声です。

渡邉　力を持っているのは大企業の組合ですからね。

長尾　いま、私は自民党に籍を置いていますが、中小企業の声に耳を傾けているのは、絶対に自民党だという自負があります。民主党は労働者の代弁者であるといっていました。しかし、私は民主党時代に中小企業経営者と話す機会はありましたが、そこで働く労働者と話す機会はあまりありませんでした。

渡邉　それは驚きです。

長尾　永田町にはありとあらゆる議連があると述べました。物づくりに関する議連もありますが、国内で物づくりをしている企業の多くは中小企業です。

議員が議連に入っていると、「お前たちは業界団体の意見しか聞かないのか」と批判する方もいます。しかし、誰もが何かしらのかたちで業界団体に関わっているのです。

「私は政治に関心がありません」という人も、仕事を訊けば「自動車工場で働いています」という。自動車なら自民党には自動車議員連盟があり、自動車業界の声を吸い上げています。

あるいは仕事をせずに家に引きこもっている人もいますが、ひきこもり支援推進議員連盟があり、支援対策を講じています。

私は平成二十四年に自民党に入党したときに、ある先輩議員からこういわれたことをよく覚えています。

「長尾くん。業界団体の声を聞くのは、国民の声を聞くということなんだよ。だから議連は大事にしたほうがいい」

だから私に限らず、議員はみんないろいろな議連に参加するのです。

意外とクリーンな世襲議員

渡邉　さて、国会議員に対する批判といえば、世襲議員に対するものも少なくありません。

現在、衆議院議員は四百六十五人、参議院議員は二百四十五人いますが、そのうち世襲議員は常に約三割を占めます。また、歴代総理の約七割が世襲議員です。菅義偉前総理は非世襲でしたが、その前の非世襲の総理といえば、自民党なら海部《かいふ》俊樹《としき》氏（平成元年八月～平成三年十一月）まで遡らなくてはなりません。

長尾　確かに歴代総理には世襲議員が多いですね。総理はなろうと思っても、なかなかなれるものではありません。時代がその人を総理という立場に呼ぶものですし、議員としての力も必要です。きっと世襲議員には時代を読み、仲間を惹きつける力があるのだと思います。

渡邉　世襲議員は利権を貪っているというネガティブなイメージを抱いている人

は少なくありません。確かに世襲議員にはよい部分と悪い部分があります。

まずよい部分からいうと、親から人脈を受け継いでいることです。生まれたときから親の選挙区を引き継ぐことを期待されます。人によっては若いころから親の外遊に同行し、世界の要人と面会する機会に恵まれます。そうして政治を肌に感じるとともに、人脈も築いていくのです。

長尾　安倍氏も幼少のころから祖父・岸信介《きししんすけ》や父・安倍晋太郎《あべしんたろう》を見て育ちました。また、二十代後半から外務大臣秘書官として、晋太郎氏と行動をともにして、ソ連のミハエル・ゴルバチョフ書記長との会談にも同席しています。

渡邉　世襲議員の周りには常に政治家がおり、実際に政治が動いている様子を見ています。これが世襲議員のよい部分です。非世襲議員にはこのような経験がないため、議員になる前に秘書を務めるか、あるいは当選してから現場で政治を学んでいかなくてはなりません。

長尾　おっしゃるとおり世襲と非世襲ではスタートが違いますね。私が政治に関心を持ったのは三十五歳のときです。それ以前はノンポリでした。土木屋を経営していた父は自民党員でしたが、私自身は必ずしも自民党支持ではありませんでした。

私が生まれて初めて間近で見た国会議員は、元総理の羽田《はた》孜《つとむ》氏でした。尾張一宮駅前で街頭演説をしていました。当時、私は三十代前半でしたが、国会議員というと雲の上の存在でした。当然、自分が政治家になるなどと考えたこともありませんでした。

渡邉　非世襲議員の大半は、やはり三十〜四十代になってから、政治を志すのではないでしょうか。二十代で政治に目覚めるのは、特にインターネットのない時代には少なかったはずです。

さて、次に世襲議員の悪い面です。

同じ選挙区で一世、二世、三世と世襲が続くと、大きな変化を望めず、その選挙区から新しいものが生まれづらくなります。仮にその選挙区が何か問題を抱えていたとしても、改善しにくくなるのです。

長尾　確かにそうかもしれません。

あと、世襲議員自身に、世襲だからこそのやりづらさがあるでしょうね。どんなことをやっても、国民から「あいつは世襲だ」という目で見られますから。これは永遠につきまといます。

それからもう一つ。世襲議員は親から引き継いだ選挙区を変えられません。選挙区を変えるのは、基本的によくないことだとは思います。私は政治活動を始めて二十二年目になります。その間、選挙区は一度も変えていません。衆議院から参議院に鞍替えしようと考えていますが、これまで衆議院議員として活動をしてきた選挙区は、引き続き私の選挙区になります。

ただ、いかなる事情があっても、世襲議員は選挙区を変えることができないでしょう。サラブレッドにはサラブレッドのしんどさがあると思います。

周りからは「就職活動をしなくていいよね」と妬まれることがあるかもしれませんが、親を継ぐのは楽なことではないと思います。それが嫌なら継がなければいいのです。

これは政治家に限ったことではないでしょう。昔は神社の家庭に生まれた子供は宮司になったし、魚屋の家庭に生まれた子供は店を継ぎました。しかし、昨今はそんな家庭も減りつつあります。

私には息子と娘がいます。彼らは政治家の家庭に生まれたわけです。もう成人していますが、子供のころに学校に行くと、クラスメイトから「お前の父ちゃんのポスター、あちこちに貼ってあるな」「お前んとこ、金持ちやろっ？」といわれたといいます。だから二人は「絶対に政治家にはなりたくない」といっています。家族には大変な負担がかかっていますね。彼らには彼らの人生がありますから、継ぎたくなければそれでいいと思います。

渡邉　世襲議員について、一点解いておきたい誤解があります。世襲議員が特定の団体と癒着して、甘い汁を吸っているのではないかという誤解です。実際には世襲より非世襲のほうが、特定の団体と癒着しがちです。

世襲には、祖父や父から引き継いだ後援会があります。仮に五万人の会員がいたとしたら、それを丸々引き継ぐことができるのです。すると政治資金集めに奔走する必要がなくなり、結果的に特定の団体と癒着する必要もなくなるでしょう。つまりどんな団体の影響も受けずに、極めてクリーンな活動ができるというわけです。

一方、非世襲の場合はどうかというと、大半の議員には強固な支持母体がありません。すると資金集めに力を入れなくてはならず、やがて特定の団体から支援を受けるようになる議員もいます。するとこの議員は、資金ほしさに、その団体の意向を汲んで活動してしまいます。これではクリーンな活動など期待できません。

以上のような理由から、世襲議員は必ずしも悪ではないのです。もちろん、ろくでもない世襲議員もいます。ただ有権者は、議員が仕事をしていないと判断したら、選挙で落選させることができます。現に世襲議員の落選は珍しくないし、親から地盤を引き継いだにもかかわらず、選挙に弱い議員もいます。

長尾　その点が重要ですね。私も世襲議員に対して否定的な考えはありません。なぜなら、議員を選ぶのは有権者だからです。世襲議員をよしとするか否かは有権者が決めることなのです。

タレント議員が多い理由

渡邉　世襲議員と並んで批判の対象となるのがタレント候補やタレント議員です。令和四（二〇二二）年七月の参院選では、自民党から出馬した元アイドルの生稲《いくいな》明子《あきこ》氏に厳しい目が向けられました。

参議院にはタレント議員が多くいます。古くはお笑い芸人の横山ノック氏（無所属）や西川きよし氏（無所属）、現在も女優の三原じゅん子氏（自民党）やアイドルグループ・SPEEDの今井絵理子氏（自民党）、タレントの蓮舫《れんほう》氏（立憲民主党）らが議員を務めています。

令和四年七月の参院選では、生稲氏のほかにも、俳優の中条きよし氏（日本維新の会）、元マラソン選手の松野明美氏（日本維新の会）らが当選し、新たに議員になりました。

長尾　確かにタレント議員は何かと批判されがちです。ただ、タレント議員はダメだということはなく、やはり人によりますよね。中には非常に政治に造詣が深い人もいますから。また、選挙では知名度が必要になるのも事実です。

渡邉　当選後に猛勉強をして、大臣に上り詰めた人もいますからね。まともに仕事をしていないと判断したら、次の選挙で落選させればいいのです。

ちなみに海外にもタレント議員は多くいます。八〇年代に阪神タイガースで活躍してチームの日本一に貢献したランディ・バース氏は、引退後にオクラホマ州議会の上院議員を務めました。

また、九〇年代から〇〇年代にかけて日本の格闘技団体、K-1やPRIDEで活躍したミルコ・クロコップ氏は、クロアチアで国会議員を務めました。

ほかにも保守派の国民からいまだに絶大な支持を集めるロナルド・レーガン元大統領は俳優から政治家に転身した人物だし、現在ロシアと戦っているウクライナのウォロディミル・ゼレンスキー大統領は元芸人です。

長尾　ただ、「当選してから政治を勉強します」というタレント候補は勘弁してもらいたいですね。

渡邉　おっしゃるとおりです。

参院選に出馬するタレント候補の多くは、比例代表で出馬します。令和四年の参院選では、生稲氏は東京選挙区で出馬しましたが、中条氏や松野氏は比例代表で出馬しました。

比例代表には、大きく分けて二種類の候補者がいます。一つは〝職域〟を持つ候補者です。職業別の代表と言い換えてもいいでしょう。

例えば長年にわたって自動車業界で勤め、全日本自動車産業労働組合総連合会から支援を受けている候補者なら、自動車業界の代表者となるわけです。このような候補者は総じて基礎票を持っています。

自動車業界以外にも、飲食や観光など、さまざまな業界の支持団体が存在します。参議院には、こういった業界の代表者が集まっています。

比例代表のもう一種類の候補者は、人気候補者です。タレント候補がこれに分類されます。

令和四年の参院選で比例区から出馬して約三十七万票を獲得して、二度目の当選を果たした自民党の青山繁晴《あおやましげはる》氏もこのタイプです。

やはり普段からテレビ番組に出演して、多くの国民に存在を知られている候補者は選挙に強いです。だから各政党はタレントに積極的に公認を与えるし、タレント候補の多くは当選を果たすのです。

長尾　各党はタレント候補を立てることで、波及効果を期待しているのだと思います。芸能界で生きてきた経歴から、新しい観点での議論に発展する可能性もありますから。

世襲議員もタレント議員も、選ぶのは有権者です。衆議院なら満二十五歳、参議院なら満三十歳になると被選挙権を得るわけで、立候補したいという人を阻むことはできません。

また、実際に選ばれた議員に対しても、とやかくいう立場にはありません。もちろん、なんでこんな人が当選したのだと感じることはありますが、それでも有権者に選ばれたわけですからね。

議員定数削減のデメリット

長尾　議員に対する批判としては「国会議員の数が多すぎる」「議員定数を減らせ」という声も多いですね。

渡邉　そういった声には賛同できません。

現在、衆議院には四百六十五人の議員がいます。四百六十五を常任委員会の数＝十七で割ると、約二十七になります。常任委員会は二十人程度で審議される場合もあれば、五十人前後で審議する場合もあるでしょう。つまり委員会で満足に議論しようと思ったら、四百六十五人では足りません。その証拠に、議員はみんな委員会をいくつも掛け持ちしています。

真面目に審議して、真面目に法律を作ろうと思ったら、議員はせいぜい二つの委員会しか担当できないでしょう。議員が足りない状態では、どうしても役人主導になります。

自民党には部会制度があるので、国会が開かれる前に党内で審議して、法案の内容を固めておくことができます。だから議員が少なくても委員会は何とかもっているというのが現状です。

もしこれ以上議席数を減らしたら、当然、各委員会に参加する議員の数も減ります。例えば厚生労働委員会の参加数が二十人になったら、どうなるでしょうか？

長尾　それではまともに運営できません。

渡邉　二十人で審議するとなると、そのうち与党は十四人程度になるかと思います。つまり十四人に、年金や社会保障のルールを決める権限を与えることになります。

ちなみに昭和六十一（一九八六）年に行われた衆院選の定数は五百十二人でした。

長尾　きちんと国会を機能させるなら、そのくらいの人数が必要でしょうね。

委員会の定足数割れとは

長尾 議員の人数に関連して話しますが、国会用語で「定足数割れ」という言葉があります。委員会で審議を進めるのに必要な人数＝二分の一を下回っている状態を指します。各委員会は、定足数を上回っていなければ、委員会を始めることができません。

渡邉 委員会の冒頭だけは全員出席しなければならないでしょう？

長尾 そのとおりなのですが、どうしても席が埋まらないことがあります。そのようなときは、全員揃っていなくても始めます。

ところが委員会が始まり、途中で二分の一の定足数を下回り、質疑が止まることがあります。

国会は日程闘争です。大臣のスケジュールは分刻みで決まっています。審議が五分延びたら、大臣は次の委員会に遅刻してしまいます。稀に大臣が委員会に遅刻して、陳謝したという報道があるでしょう。とにかく大臣の遅刻は大騒ぎになる。だから絶対に委員会を止めてはならないのです。

私は厚生労働委員会の理事を長く務めました。委員会では質疑を注意深く聴いています。ただ、定足数を担当する理事になると、いま委員会室に与党議員と野党議員がそれぞれ何人着席しているか、常に把握していなければなりません。

仮に野党議員が二人退席すると、定足数を下回る状況だったとします。すると野党の理事が、私に目配せして、「うちの議員が二人退席すると委員会が止まりますよ、いいんですかねえ？」と合図を送ってきます。私は委員会室の外に出て、「定数割れ寸前です、すぐ席に戻ってください」と離席中の議員に電話します。

それでも議員が捕まらないときは、国対にも連絡を入れ、「厚生労働委員会が定足数割れになりそうなので、誰か二人呼んでください」とお願いします。すると、国対の職員が別の委員会に出席中の議員を捕まえてきて、定足数割れ寸前の委員会席に座らせる。そうして何とか二分の一を保ちながら、ぎりぎりの状況で委員会を進めることがあります。

とにかく審議を止めることは、国会では罪なのです。重要広範法案の審議のときに、野党が審議拒否を理由に退席することがあるでしょう。

　このようなときも、与党の理事はすぐに察知して、仮に野党議員が退席しても委員会が止まらないよう、事前に国対に連絡を入れておきます。そして野党議員が退席したら、すぐに人を集めて対応するのです。

　定足数割れを避けるために、「こんな馬鹿なこと」をやっています。ちゃんと委員会の定足数に見合うくらいの議員がいれば、苦労せずに、みんな審議に集中できるはずです。

渡邉　委員会の裏では、そのような涙ぐましい努力がなされていたのですね。

議員は料亭に行かない

渡邉　テレビや新聞の報道を通じて見る国会と、現場で見る国会はまったく違います。それと同様に、国会議員もまた、多くの国民が抱いているイメージとは違います。テレビドラマに登場するような、赤坂の高級料亭で賄賂を受け取る、または銀座のクラブで飲んでいるような議員はいないでしょう。

長尾　かつては料亭政治が行われていたこともあったと思います。いまも議員によっては料亭で食事することや、高級クラブでお酒を飲むこともあるかもしれない。ただし、年がら年中そんなことをしている議員はほとんどいないと思います。

渡邉　その理由は簡単で、政治家の朝は早いからですね。

まず自民党議員の場合は、国会会期中は毎朝八時から、自民党本部で開かれる部会に参加します。所属議員は必ず何かしらの部会に参加しなければならず、夜遅くまで飲んでいる余裕などないでしょう。

また、国会閉会中も忙しく、地元に帰って挨拶周りをしなければならないし、会合にも参加しなければなりません。国内外に視察に行くこともあります。

だからゆっくり遊んでいるわけにはいかないのです。

長尾　現職だったころは、部会に出席するため、毎朝七時半くらいには党本部に入っていました。赤坂の議員宿舎から党本部行きのバスが出発するのが七時五分でした。自民党議員はみんなそのバスに乗って党本部に向かいました。当然、新聞にも目を通しますので、毎朝起きるのは五時ごろになります。それに週末や国会閉会中は地元に帰りますから、毎晩豪遊しているような暇は絶対にありませんね。

野党議員の嫌がらせ

長尾　議員の朝は早いですが、総理大臣の朝はさらに早いです。特に予算委員会が行われている期間の総理の一日は、ものすごくハードですね。毎朝六時から、自宅もしくは首相官邸で予算委員会の答弁のレクチャーを受けています。寝起きでレクチャーを受けるわけにはいきませんから、四～五時には起きなくてはなりません。

そして九時から夕方五時まで委員会に出席します。十二～十三時のお昼の休憩ものんびりする暇などなく、政調会長や官房副長官らと面会しています。

予算委員会終了後は要人の表見訪問を受けたり、イベントに出席したり、メディアの取材を受けたりします。毎晩遅くまで仕事をしなければなりません。

また、質問通告が総理を苦しめます。質問通告とは、国会での質疑に先立ち、議員が政府側へ質疑内容を通知することです。

与党議員は質問通告を早めに提出します。ところが野党議員のなかには、先ほども申したように、わざと質疑の前夜、二十三時ごろに提出してくる議員もいるのです。答弁を準備する時間を短くするためです。はっきりいって嫌がらせですね。

渡邉　質問通告には締め切りがあるはずです。

長尾　質疑の前々日の正午に提出するというフワッとしたルールなので、野党議員はそれを守りません。

二十三時に質問通告を受け取った役人は、すぐに担当の議員の質問を取りに行きます。これを「問取《もんとり》」といいます。

役人は問取をして、深夜に役所に戻って答弁書を作成します。答弁書の内容がほかの省庁と考えに齟齬がないか、擦り合わせもしなければなりません。

だから予算委員会の期間中、国会担当職員は、ただの一人も帰宅できないのです。これは無駄なことでしょう？　野党がルールどおりに質問通告を提出していれば、徹夜などしなくて済むはずです。

渡邉　本当に無駄なことをやっていると思います。また、質問通告によって官僚答弁が行われる国会は、まるでプロレスショーのような側面があります。これでは建設的な意見など期待できませんね。

有事のときの召集は時代遅れ

渡邉　総理はもちろん、大臣にもさまざまな制約が生まれます。特に安全保障関連の大臣になると大変です。

国会会期中に大地震や洪水などの災害が起きると、すぐに首相官邸に召集がかかるでしょう。すると官邸にいる記者はストップウォッチを持って、担当大臣が招集から何分で到着したかを数えながら待っています。

長尾　それも愚かな慣習ですね。

渡邉　仮に地震発生時に赤坂の議員宿舎にいたとします。官邸から電話がかかってきて、すぐに着替えて、官邸に飛んでいく。どれだけ早く到着するかが勝負になります。

しかしいまの時代、そんな馬鹿げたことをする必要はないでしょう？

長尾　まずはリモートで対応すべきです。移動がない分、そのほうが迅速に対応できますから。召集から何分で首相官邸に到着するかを重視するなんて、もはや時代遅れですよ。

渡邉　しかし、いまだに官邸に飛んでいくことを求められており、少しでも遅れるとメディアに叩かれます。大臣は落ち着いて眠ることもできません。

国家公安委員会委員長になると、多摩川を越えることすらできないでしょう。多摩川を越えると、すぐに都内に戻れなくなるからです。常に永田町の近くにいなくてはなりません。

大臣などのポストに就くことは政治家として光栄なことだし、自分が目指す政策の実現に近づくことでしょう。ただその一方では、ものすごい制約が生まれるのです。

長尾　やはり議員、特に大臣などの要職に就いた議員は、呑気に料亭などで豪遊している暇などないですね。

議員がコンビニで食料を買い漁るワケ

長尾　議員に対する制約といえば、「禁足《きんそく》」もその一つです。禁足は、あまり国民には知られていない慣習ではないでしょうか。

ときどき国対事務局からの連絡で「禁足が出ました！」と発表されることがあります。議員や秘書はみんな「えーっ！」とネガティブな声を挙げます。

では、この禁足が何かといえば、国会で審議中の法案をどうしても成立させなければならず、本会議が深夜に及ぶときに出る号令です。そのため禁足が出ると、議員も秘書もみんな、国会内にあるセブンイレブンに駆け込んで食料を買い漁ります。おにぎりやカップラーメンは瞬く間に完売します。

渡邉　禁足に関して、一つ笑い話があります。

ある議員が政治資金パーティーの開催を予定していました。パーティー当日は、国会会期中だったものの、禁足が出るような日ではなかった。ところが急に禁足が出てしまい、本人がパーティーに行けなくなったのです。禁足の対象は全議員ですから、ほかの議員が代わりに行くこともできず、結局、秘書が演説して終わったそうです。

長尾　支援者もしらけたでしょうね。

禁足が出た場合、本会議が何時に始まるのかは分かりません。開始の発表があっても、だいたいはその二十分後に始まります。つまり禁足が出たら、二十分以内に本会議場に戻れる場所で待機していなければなりません。

仮に赤坂の議員宿舎に戻ったとします。開始の発表がなされて、急いで移動すれば、二十分で国会に戻れるかもしれません。ただ、道が混んでいたりしたら遅刻するでしょう。

また、赤坂の飲食店でのんびりと食事をするわけにもいきません。注文して料理が来た瞬間に、本会議の開始が発表されるかもしれませんから。というか、永田町には深夜までやっているお店がありません。だからみんな国会内のセブンイレブンに行って、食料を買い漁るのです。そして会議が始まるまでのあいだ、議員会館に籠城します。

禁足は通常国会の会期中に一度出るかどうかで、年がら年中出るわけではありません。それでも議員は大変な思いをします。ただ、渡邉さんが指摘されたように、大臣は大変ですね。国会会期中に遠出することができませんから。いつ災害が起きるか分からないので、毎日が禁足状態といえるでしょうね。

不要な在京当番

長尾　大臣・副大臣・政務官にはもう一つ制限があります。

小泉純一郎総理の時代に、震災などの有事が起きたらすぐに政府が対応できるようにと、週末は政務三役の誰かが東京で待機するというルールが設けられたのです。これを永田町用語で「在京当番」といいます。

渡邉　議会は、議会という立法機関を担っていますが、大臣・副大臣・政務官は行政も担っているからですね。

長尾　おっしゃるとおりです。政務三役は議員であると同時に、行政の責任者でもあります。

とはいえ、リモート全盛のいま、はっきりいって在京当番は不要な制度だと思います。役人が在京当番のローテーションを決めるのですが、これが意外と大変で、東大を卒業したエリート官僚が、いつも頭を悩ませています。

渡邉　それは時間の無駄ですね。

長尾　私は平成三十（二〇一八）年十月、第四次安倍第一次改造内閣で内閣府政務官を拝命しました。それと同時に、在京当番が回ってくるようになりました。

議員はみんな、週末には地元に帰りたいものです。ただ、直属の上司となったのは麻生太郎氏や茂木敏充《もてぎとしみつ》氏です。麻生氏の地元は福岡で、茂木氏の地元は栃木ですが、両氏が地元に帰るといわれているときに、「すみません。私も地元に帰りたいのですが……」などとはいえないでしょう。議員同士では相談しづらいという事情から、役人がローテーションを決めてくれるのです。

渡邉　有事の際の官邸召集とともに、そろそろ考え直したほうがよい制度ですね。

長尾　国会会期中なら東京にいるのもいいですが、閉会中も、いなくてはならないのはつらいですよ。当然、年末年始も誰かが東京にいなくてはなりません。当然、秘書官も在京していなければなりません。私は年末年始だけは当番を外してもらって、当時の副大臣にお願いしました。やはり地元で挨拶回りをしたいですからね。

政教分離に対する誤解

渡邉　さて、ここで政治家と宗教の関係についても語りたいと思います。大きな誤解があるからです。

令和四年七月八日、奈良市内の路上で街頭演説をしていた安倍元総理が凶弾に倒れました。現行犯逮捕された山上徹也容疑者は、逮捕後の取り調べで、母親が「世界平和統一家庭連合（旧統一教会）」に多額の献金をしたことにより、家庭が崩壊したと供述。安倍氏が旧統一教会と密接な関係を築いていると盲信し、安倍氏を恨み、犯行に至ったのです。

事件以降、メディアはなぜか山上容疑者ではなく、安倍氏やほかの自民党議員、そして旧統一教会ばかり批判しています。安倍氏や自民党議員が旧統一教会と深い関係を築いており、時に便宜を図っていたというのがメディアの言い分です。

この一件に関する報道に触れるたびに感じるのは、日本人の多くが政教分離を誤解しているということです。現に政教分離を理由に、自民党議員と旧統一教会の関係を問題視している人が多いでしょう。

政教分離とは、政治と宗教を切り離すということではありません。国や自治体が特定の宗教団体を優遇したり、弾圧したりしてはならないということです。宗教政党の公明党の存在が認められている理由も、政教分離の原則があるからです。

長尾　特定の宗教に対する優遇や弾圧は、絶対にあってはならないことです。日本国憲法・第二十条の〈信教の自由は、何人に対してもこれを保障する。いかなる宗教団体も、国から特権を受け、又は政治上の権力を行使してはならない〉にも反します。

政治と宗教は、実は私たちにとって最も身近なものであるはずです。まず政治に関していえば、日常生活を送るうえで法律というルールがあるでしょう。そのルールを作るのが政治です。

それは宗教も同じです。日本には八百万の神の考えが根づいています。水や土などあらゆる所に神が宿っていると考え、神社に行ったら、誰に教わったわけでもないのに手を合わせるのが日本人です。宗教は私たちの心の拠り所であり、信仰とは戒めです。

渡邉　世界は宗教弾圧に厳しい目を向けます。多神教の日本とは違い、世界は一神教の国ばかりで、ほかの宗教を否定してきました。

一神教の宗教といえば、ユダヤ教、キリスト教、イスラム教の三つが挙げられます。この三つは起源が同じで、預言者アブラハムの教えを受け継いでいるため、「アブラハムの宗教」と呼ばれています。

紀元前二十～十五世紀ごろにユダヤ教が広まりました。それから時は流れ、堕落したユダヤ教の救世主として、約二千年前に誕生したのがイエスです。

一方、キリスト教とは別の解釈をして七世紀に誕生したのがイスラム教で、ムハンマドによって作られました。

三つはもともと同じ一神教の宗教でしたが、分かれてからは対立を続けてきました。特にヨーロッパには異端審問や魔女狩りを行った歴史もあります。

そのような歴史があるからこそ、世界は宗教弾圧に過敏に反応します。厳しく取り締まらなければ、争いに発展してしまうからです。この点を理解していない日本人は多く、日本のメディアも国際感覚が著しく欠如しているとしか思えませんね。

宗教団体から支援を受けるのは悪か

渡邉　国会議員はさまざまな業界団体から支援を受けています。一部の自民党議員にとって、その一つが旧統一教会でした。数ある票田の一つに過ぎません。

長尾　旧統一教会の信者数は、公称で五十六万人（宗教リサーチセンター、平成二十七年）とされています。信者数が公称八百二十七万世帯の創価学会と比べれば、非常に小規模な宗教団体です。創価学会のほうが、大きな影響力があるのは明白です。

政教分離は特定の宗教を優遇・弾圧することを禁じているわけで、宗教団体関係者が政治家と関わることを禁じているわけではありません。また、政治家が特定の宗教、あるいは複数の宗教と関わってならないわけでもない。だから創価学会が公明党を支援することは、憲法違反ではありません。しかし、公明党が創価学会に対して特段の配慮をすることは、政教分離に反することになります。

渡邉　政治家を積極的に支援している宗教団体といえば、立正佼成会もあります。立正佼成会は、もともと自民党の支持母体でした。ところが、平成十一（一九九九）年に自民党、自由党、そして公明党の三党が連立政権を樹立したことで、民主党を支持するようになりました。近年は、東日本では元参議院議員の白真勲《はくしんくん》氏、西日本では同じく元参議院議員の藤末健三《ふじすえけんぞう》氏を支援していました。

両氏は令和四年七月の参院選で落選しています。立正佼成会の影響力が低下しているといえます。それでも旧統一教会に比べたら、まだまだ票数は多いはずです。

長尾　倍以上です。

渡邉　自民党はいろいろな宗教団体から支援を受けているし、それは野党も同じです。現在の国民民主党はＵＡゼンゼンなどの組合から支援を受けているので、基本的には宗教票はありません。とにかく議員は、ある宗教を信仰する支持者がいても、「あなたは○○を信仰しているから、支持してもらっては困る」などということはできません。信仰は憲法十九条で〈思想及び良心の自由は、これを侵してはならない〉と謳われているとおり保障されているのです。

この件に関しては、二階俊博氏がまともな主張をしました。令和四年八月二十四日、「朝日新聞デジタル」は以下のように報道しています。

〈自民党の二階俊博元幹事長は24日、「世界平和統一家庭連合（旧統一教会）」関連の催しに祝電を送った自民党議員が相次いでいることに関し、「電報を打ってくれと言われりゃ打つ」と語った。理由について「『応援してやろう』と言ってくれたら『よろしくお願いします』と言うのは『毎度ありがとうございます』と商売人がいうのと同じ」などとした。

政治解説者の篠原《しのはら》文也《ふみや》氏が主催する会合で講演し、質疑応答の中で言及した。

自民党の茂木敏充幹事長は「社会的に問題が指摘されている団体との関係は一切持たない」としているが、二階氏は「応援してくれる人たちを選択する権利ってのはそんなに無い」と主張。「『この人は良い』とか『悪い』とか、瞬時に分かるわけがない。できるだけ気を付けてやったらいい」と述べた〉

政治家と支援者は、タレントとファンのような関係です。タレントがファンを選ぶことがないように、政治家も支援者を選びません。政治家は宗教団体に限らず、わざわざ特定の団体を敵に回すようなことはしないのです。また、支援者一人ひとりに対して「あなたは旧統一教会の信徒ではないですよね？」などと確認できるわけがないし、「旧統一教会関係者の支援はお断り！」などと宣言できるわけがないでしょう。

自民党議員と旧統一教会の関係のみを取り上げ、それを批判するのは、そろそろやめてもらいたいものです。

第4章

日本を脅かす危険思想

参議院議員は各県の代表者

渡邉　これまで戦後の日本の政治システムや政治家に対する誤解について語ってきました。次に現代の日本で叫ばれる危険な「声」について語っていきたいと思います。

昨今、よく耳にする声といえば「一票の格差」です。一票の格差とは、選挙区によって有権者の数が異なるから、一票の価値も異なるという指摘です。要するに人口約一三九六万人の東京都と約五十七万人の鳥取県では、選挙区民の一票の価値が異なるのではないかといっているわけです。

こうした声を受けて公職選挙法の一部が改正され、平成二十八（二〇一六）年の参院選から高知・徳島と鳥取・島根は合区となりました。そしてこれを機に導入されたのが参院選の「特定枠」です。

現在、衆院選では、「拘束名簿式比例代表制」を採用しており、各政党は候補者の名簿順位をあらかじめ決めています。有権者は投票用紙に党名を書き、各政党の総得票数に応じて当選人数が決まります。名簿の上位の候補者から当選する仕組みです。

一方、参院選では、「非拘束名簿式比例代表制」を採用しています。

有権者は投票用紙に党名もしくは候補者個人の名前を書きます。各政党の議席数は、政党名と個人名の得票数の合計に応じて配分されます。当選者は、個人名の得票数が多い順に決まっていくのです。ただし参院選には、特定枠という優先枠があります。

長尾 特定枠とは、各政党が優先的に当選させたい候補者をしている制度です。高知・徳島と鳥取・島根が合区によりそれぞれ一議席減ったため、一人選挙区から退くことになりました。そこで選挙区がなくなった一人に特定枠を与え、この問題を解消したということです。

特定枠の人数に制限はありませんが、自民党は令和元（二〇一九）年と令和四（二〇二二）年の参院選で二人の候補者を特定枠に指定しています。

渡邉 特定枠はあくまで特定枠です。以前は、参議院議員は各県から選出されるものであり、各県の代表といえる存在でした。ところが高知・徳島と鳥取・島根が合区になったことで、代表者のいないエリアが生まれてしまいました。これは「一票の格差」以上に深刻な問題ではないでしょうか。

「一票の格差」より大切なのは

長尾　令和五（二〇二三）年四月二十三日に山口二区、四区の補欠選挙が行われ、私は三月に応援で同選挙区を訪れました。

議員として地元に目を配り、地元の声を吸い上げるということを考えたときに、「一票の格差」を重視して人口ばかり気にするのではなく、やはり〝広さ〟も考慮すべきだと感じました。

渡邉　山口二区は下松市、岩国市、光市、柳井市、周南市、大島郡、玖珂郡、熊毛郡からなります。一方の四区は下関市と長門市をエリアとしています。両区ともに非常に広範囲ですね。

長尾　そうなのです。

山口二区で、ある過疎地のお宅を訪れました。インターフォンを鳴らすと応対してくれ、私の顔を見るや、「なんで長尾さんがこんな所にいるのですか？」と驚かれました。インターネットで私の番組を観てくださっているそうで、非常に喜んでくれました。

周りには何もなく、バラエティ番組「ポツンと一軒家」（朝日放送テレビ）の取材を受けてもおかしくないようなお宅でした。話を聞くと、先祖代々その土地に住まわれているのだそうです。

改めて実感したのは、人里離れた所にも人が住んでいるということです。その現実に直面したときに、やはり人口だけで選挙区を分けるべきではないと痛感しました。

「一票の格差」を主張している人は、都会の百人と田舎の百人を同一に考えているのでしょう。それはおかしい。東京のような人口密集地に住んでいる人と、山口の過疎地に住んでいる人では、それぞれ抱えている問題や悩みは違うはずです。

「一票の格差」を主張する人は、こうした現実を見ていません。

「一票の格差」は憲法を根拠にしています。十四条で〈すべて国民は、法の下に平等であって、人種、信条、性別、社会的身分又は門地により、政治的、経済的又は社会的関係において、差別されない〉と謳われているからです。確かに国民は平等ですが、こと選挙の「一票」においては、土地の広さも考慮すべきです。

二大政党制は日本にそぐわない？

渡邉　日本では自民党政権が続いています。こうした状況に対して「自民党一強」とネガティブにいう人がいます。安倍政権が続いていたときには、「安倍独裁」などという人までいたでしょう。

自民党に代わる政党を望む声は常にあります。平成二十一（二〇〇九）年に政権交代が行われ民主党政権が誕生しましたが、当時、「日本にも二大政党制を」といった声をよく耳にしたものです。

ただ一つ重要なのは、自民党の総裁が代わるたびに、事実上の政権交代が行われているということ。保守的な安倍元総理とリベラルな岸田総理では政策的に大きく違います。

長尾　アメリカで共和党と民主党が政権交代を繰り返すように、日本でも二大政党が争うことによって、互い刺激を与えることは大切ではないかという意見があります。しかし、実は日本にはすでに二大政党があったということですね。

渡邉さんがいわれたとおり、自民党の総裁が代わるのは、事実上の政権交代に等しい。つまり自民党のなかに、すでに複数の政党があるようなものなのです。安倍・菅路線から岸田路線になって、世の中が激変したでしょう。

渡邉 そして誰が総理・総裁になっても、自民党政治から大きく逸脱することはありません。民主党政権のように世の中が大混乱することはないのです。

自民党総裁には任期があります。以前は連続二期六年でしたが、平成二十九（二〇一七）年からは連続三期に延長されました。つまりどんなことがあっても、九年に一度は政権交代が行われるというわけです。もっとも平成になって以降、長期政権を築いたのは小泉純一郎氏（五年五ヵ月）と安倍晋三氏（七年八ヵ月）のみで、あとは一年程度の短命に終わっています。つまり一年に一度、政権交代が行われてきたことになります。

長尾 二大政党制の必要性を訴えている人の多くは、欧米と比較して、日本にも根づかせるべきだといいます。ただ、国家にはそれぞれの国柄があるものです。「欧米では……」と一括りに語る人をときどき見かけますが、世界の国々が同じ体制で政治を行っているわけではありません。各国にはそれぞれお家事情があり、国の数だけ形がある。日本以外の国はみんな同じ体制なのかといえば、そんなことはないのです。だからアメリカの真似をして二大政党制にこだわるのではなく、日本にとって最適な方法を追求すべきだと思います。

なぜ新党の寿命は短いのか

渡邉　自民党政権では総裁が代わるたびに事実上の政権交代が行われており、二大政党制にこだわる必要はないと述べました。もちろん、国会での議論をより充実させるためには、真っ当な野党の存在が欠かせません。ところが現在、野党は自民党の政策に対案を示すこともなく、週刊誌を片手に「疑惑」を追及し、または大臣の資質を問うことに終始しているでしょう。

永田町の歴史を振り返ると、政党は玉石混淆でした。新しい政党が誕生しては解党や分党、あるいは他党との合併を繰り返してきました。特に九〇年代以降はその傾向が強く、ざっと思い出すだけでも、以下の政党が存在しました。

日本新党（一九九二〜一九九四）
新党さきがけ→さきがけ（一九九三〜二〇〇二）

自由党（一九九四、一九九八〜二〇〇三、二〇一六〜二〇一九）
新進党（一九九四〜一九九七）
民主党（一九九八〜二〇一六）
国民新党（二〇〇五〜二〇一三）
みんなの党（二〇〇九〜二〇一四）
たちあがれ日本↓太陽の党（二〇一〇〜二〇一二）
新党きづな（二〇一一〜二〇一二）
国民の生活が第一（二〇一二）
みどりの風（二〇一二）
日本未来の党（二〇一二）
結いの党（二〇一三〜二〇一四）
維新の党（二〇一四〜二〇一六）
次世代の党↓日本のこころを大切にする党↓日本のこころ（二〇一四〜二〇一八）
日本を元気にする会（二〇一五〜二〇一八）
改革結集の会（二〇一五〜二〇一六）

希望の党（二〇一七～二〇一八、二〇一八～二〇二一）

以上のように比較的大きな政党もあれば、長期間にわたって活動した政党もあります。しかし、小さな政党は総じて短命に終わっています。

結党したばかりのミニ政党や泡沫政党は、なぜすぐに解党や他党との合流という末路を辿るのでしょうか。

国会では、五人以上の議員で会派を組まなければ、発言することができません。ちなみに会派とは、活動を共にする議員のグループのことで、二人以上の議員で結成することができます。同じ政党の議員同士で結成するだけでなく、政党に所属していない議員同士、あるいは複数の政党で会派を組むこともあります。

委員会の理事は、所属する議員が多い会派から選出され、小さな会派やミニ政党から選出されることはありません。

理事は各委員会に数人おり、時に委員長の代理を務めるほか、委員会の運営について協議するという役割があります。予算委員会で野次が飛び交い、議場が混乱すると、議長の所に集まるのが理事です。

また、委員会における質問時間も、会派の所属人数に比例します。大きな会派には多くの時間を割り当てられます。五人以下の会派となると、国会での発言権はゼロに等しいでしょう。

ミニ政党は、常任委員会でも存在感を示すことは難しいです。所属議員が少なく、十七すべての委員会に人を送り込むことが困難だからです。前述しましたが真面目に委員会で審議をしようと思ったら、一人の議員につき、せいぜい二つの委員会に出席するのが限界ではないでしょうか。五つも六つも委員会に参加したところで、満足に審議に参加できるはずがないのです。

以上のような理由から、ミニ政党や五人以下の会派では国会で目立つことができません。委員会で何か意見を述べたとしても、その意見が通る可能性は極めて低いのです。

長尾　自民党のような政党では、所属議員が多く、委員会で質問する時間もなかなか回ってきません。一方、小さな政党なら、質問する機会が回ってくるかもしれません。しかし、そもそもの質問時間が短いので、存在感を示すのは難しいでしょうね。

渡邉　すでに述べたとおり、予算案や法案は国会とは別の場所（自民党の部会、政調会、総務会）で作られています。だから国会の審議で多少中身を変え、あるいは附帯決議を追加できたとしても、案そのものを覆すことや、ゼロから作り直すことはできないのです。野党議員が一人でできることといえば、国政調査権を行使することくらいでしょう。ちなみに国政調査権とは、以下のことを指します。

〈国政調査の方法は、政府当局や関係者から説明を聴いたり、資料を要求したりして行います。場合によっては、委員会の中に小委員会を設けたり、参考人や証人の出席を求めたり、委員を派遣して調査することもあります〉（衆議院ウェブサイトより）

つまり役人に調査を依頼することがメインなのです。

国会での審議内容や審議時間は、議会運営委員会が決めています。この委員会もまた、会派の所属議員数の比率によって選任されています。また、各委員会の審議内容は、与党と野党筆頭（現在なら立憲民主党）の国対委員長が集まり、話し合いで決めていきます。

国会は以上のような仕組みで運営されているので、ミニ政党や泡沫政党、五人以下の会派に属する議員は埋もれてしまいます。だから選挙では敗北する可能性が高まり、結局は解党や他党と合併するという末路を辿るのです。

現状では、ミニ政党や泡沫政党が党勢を拡大して、大政党に成長することは極めて困難でしょう。

長尾　近年生まれた政党で、唯一党勢を拡大したのは日本維新の会です。ただ、その前身となる地方政党・大阪維新の会は、橋下徹《はしもととおる》氏のもとに自民党大阪府連を離脱した議員が集結してできた政党です。ゼロから作った政党ではなく、自民党の力で作った政党ともいえるのです。彼らの力がなければ、いまの姿はなかったことでしょう。

保守派のなかにも、まともな野党を望む声はあります。「自民党より右の政党」を望む声です。平成二十六（二〇一四年）には保守政党・次世代の党が誕生しましたが、同年十二月の衆院選で壊滅しました。そもそも次世代の党は日本維新の会が分党してできた政党であり、所属議員は皆、維新の名前で当選していました。だから次世代の党が選挙で勝つのは難しかったのだと思います。

かつては民社党という、自民党よりも保守的な政党がありました。

民社党は日本基幹産業労働組合連合会という、造船や鉄鋼などの組合に支えられていました。特に造船は安全保障に関わる産業なので、非常に保守的な業界です。しかし、世界の潮流のなかで、造船は斜陽産業になり、組合もまた力が低下しました。民社党は平成六（一九九四年）に解党しています。

政党を作り、拡大するには、こうすればよいというノウハウを考えられるものではありません。また現状は、新しい政党を作ることよりも、自民党のなかでどうするかを考えたほうが、物事を前に進められるはずです。

日米の政治システムの違い

渡邉　二大政党制と並んでよく耳にするのが、日本でも首相公選制や大統領制を導入すべきだという声です。

大統領制の国といえば、多くの人がアメリカを連想するのではないでしょうか。議院内閣制を採用する日本と大統領制を採用するアメリカの政治システムには、ほかにもいろいろな違いがあります。

長尾　まずは前述したとおり、アメリカでは二大政党制が根づいているという点ですね。日米ともに政党政治が行われているものの、自民党政治が続く日本と、共和党と民主党が政権交代を繰り返すアメリカでは、まったく別物だということです。

渡邉　それから官僚制度も違います。日本の官僚がずっと官僚で居続けるのに対して、アメリカの官僚は流動的な立場にあります。四年に一度の大統領選で政権が代わると、ホワイトハウスのスタッフ（日本の官僚に相当）の七割が入れ替わります。

共和党と民主党は、それぞれにシンクタンクがあります。一部超党派のシンクタンクはありますが、政権が代わると、それぞれのシンクタンクの人材がホワイトハウスに入るのです。場合によってはロビイストやテレビ番組の司会者が官僚になることもあります。

政権交代のたびに人材が入れ替わるため、「回転ドア」と呼ばれています。これがアメリカ式であり、日本のような年功序列のピラミッド構造とはまったく異なるのです。

では、アメリカの大統領はどのようなかたちで政権を運営しているのでしょうか。まず行政と立法が半ば一体化している日本とは異なり、アメリカでは行政（ホワイトハウス）と立法（議会）が分離しています。

大統領が議会に出席するのは、毎年一月に一般教書演説を行うときだけです。この演説で国をめぐる状況や、政治的な課題について述べます。あとは議会には出席せず、あくまで行政に専念します。予算や法律を成立させるのは議会の役割なのです。

アメリカでは、毎年、〝NDAA（National Defense Authorization Act／国防権限法）〟という法律を制定します。この法律は軍事計画と予算が一体化した法律であり、大統領に権限を与えるものです。この権限の範囲で、大統領は行政を執行することができるのです。だから「権限法」、または「授権法」と呼ばれています。

日本では、法律は法律、予算は予算で別々に成立します。ところがアメリカでは、予算と法律が一体化しています。そしてこの法律は議会が決めるので、ホワイトハウスの権限はさほどないのです。

長尾　与えられた範囲でしか行動できません。

渡邉　ドナルド・トランプ前大統領は、任期中に大統領令を発令しました。大統領令は大統領が自ら発令する行政命令で、元となる法律に基づいて、自分で法律を作ることができます。

トランプ氏は大統領令の発令によって、中国のファーウェイに対して、半導体の輸出を規制するなど、さまざまな制裁を加えました。大統領令を発令すると、大統領の権限は広がります。ただ、これはイレギュラーな方法であり、大統領だからといって、何でも好きにできるわけではありません。

大統領制で独裁国家に？

渡邉　日本人のなかには、アメリカの大統領に大きな期待を寄せ、大統領選の結果に一喜一憂する人がいます。ところが、大統領には法律を成立させる権限がないので、議会の思惑どおりに働かなくてはならないのが実情です。

一部の勢力は、そんな大統領制を日本で導入すべきだといいます。そう訴える人は何が目的なのでしょうか。

結論からいえば、国民が直接指導者を選び、その指導者に強い権限を与えたいと考えているのかもしれません。彼らはアメリカの大統領ではなく、強い権限を持つ韓国の大統領をイメージしているのだと思います。

韓国の大統領の任期は一期五年です。そのため大統領選が行われるたびに大統領が代わります。二〇二二年の大統領選では錫悦《ユンソンニョル》大統領が誕生しましたが、二〇二七年には必ず次の大統領が誕生します。

韓国議会は、尹大統領が所属する保守政党・国民の力ではなく、左派政党・共に民主党が多くの議席を獲得しています。そうなると大統領はレームダックとなりそうなものですが、韓国の大統領は任期のある独裁者のような存在なので、国会の存在を軽視することができます。それほど大統領には絶大な権限を与えられているのです。

韓国は建国した一九四八（昭和二十三）年から一九八七（昭和六十二）年まで独裁国家でした。その体制を維持したまま、大統領制を採用しました。民主化したとはいえ、いまだに独裁的な体制のままです。もっともこれには理由があります。朝鮮戦争は一九五三（昭和二十八）年に休戦しただけであり、韓国と北朝鮮はいまだに戦時中だからです。

韓国の政治システムは、しいていえば日本の地方議会に近いかもしれません。地方議会は基本的に後承認機関です。つまり首長が方針を決めて行動すると、議会があとから承認したり予算をつけたりする。韓国も同様に、まずは大統領が決めて、議会がそれに追随するのです。

令和四年十二月に成立した太陽光パネル設置義務化条例も、小池百合子《こいけゆりこ》東京都知事が推進したことに対して、議会があとから承認したわけです。議会が強く反対すれば、条例を廃案にできたかもしれません。ただ首長の権限は大きく、予算権限なども握っているので、東京都に限らず、県議や市議は首長のほうを向いて活動するし、業界団体も動きます。

長尾　国会議員を辞めて首長になる人が多い理由が、この点にあります。首長には権限があるし、自分がやりたいことを実現できる可能性が高いからです。

渡邉　そのようなシステムで首長に権力が集中すると、そこには利権も生まれます。一度知事や市長になると、なかなか辞めない理由がこの点にあるのです。

また、韓国で大統領が代わるたびに前大統領の不祥事が明らかになったり、あるいは逮捕されたりする理由の一つも、やはり権力が集中しすぎていることにあります。

このような政治システムを日本の国会に導入すべきではないでしょう。

長尾　大統領制を推進しようとしているのは、主にグローバリズムに洗脳されている人たちですね。

しかし、大統領制は日本にはそぐわないでしょう。日本には「和を以て貴しとなす」が根づいています。自民党で何かを決める際にも、みんなで何度も議論しています。時には賛成派と反対派で意見が割れることもあります。しかしそんなときは、あえて多数決を採らず、賛成派も反対派も不平不満を溜めないよう努めています。議論の結果を曖昧にするような面があり、ある意味ではアナログ的なやり方なのかもしれません。

それに引き換え大統領制は、非常にデジタル的で、大統領の決定一つですぐに世の中がガラリと変わってしまいます。

社会の激変を好まないのが日本人だと思います。だから大統領制を敷いて大統領一人に大きな権限を与えるのは、日本にはそぐわないと思うのです。

渡邉　韓国のような大統領制が健全な政治システムだとは思えませんが、このやり方にシンパシーを感じる日本人が少なくないようです。自民党から政権を奪うのは難しいのが現状で、大統領制こそが秘策と考えているのかもしれませんね。メディアを味方につけて「自民党＝悪」の構図を作り出せば、政権を奪えなくても、直接選挙で野党議員が指導者に選ばれる可能性が生まれますから。

独裁は極左や極右思想を持つ人に好かれます。また、日本維新の会のように、地方政党から始まった政党は、大阪府議会・市議会のやり方に慣れているため、国会のトップにも強い権限を持たせて、独裁的に政治を推進したいと考えているのかもしれません。

大統領制を訴える声には注意してもらいたいと思います。

国民が政治を動かすためには

渡邉　誰にだって政治に対する疑問、あるいは社会に対する不満があるはずです。世の中をこう変えたら、もっとよい国になるのではないだろうかという考えを抱いている人もいるかもしれません。社会に対する不満を解消したり、世の中を改善したりするためには、自分が議員になるか、もしくは議員を動かすしかありません。

国会議員というと、自分とはかけ離れた存在だと感じるのではないでしょうか。しかし、私たちが投票して選んだから、彼らは議員バッジをつけている。決して雲の上の人ではないのです。

では、私たち国民は、具体的にどう政治に関わったらいいのでしょうか。

民主主義国家では、議員は国民の声に左右されます。どんなに長くても衆議院議員なら四年、参議院議員なら六年に一度の選挙で当選しなければならないからです。

国民ができることは投票だけではありません。私たちは「請願権」という権利を有しています。つまり議員に対して陳情する権利があるのです。

議員に陳情するというと、地域に根ざした区議や市議、あるいは町議や村議に行うイメージがあるかもしれませんが、当然、国会議員にも陳情できます。

国会議員はそれぞれの地域の代表なので、自分の選挙区で当選した国会議員が必ずいるでしょう。その議員に陳情すればいいのです。もちろん、違う選挙区の議員に陳情することも可能です。実際に議員は、国会の合間に国民からの陳情を受けています。

陳情するにあたって、一つ重要なポイントがあります。保守的な政策の実現を訴える場合は、保守系の議員に陳情してもあまり意味がありません。陳情されなくても、すでによく分かっているからです。だから中道やリベラル系の議員に陳情すべきでしょう。例えば反原発派の議員に、「原発を再稼働させないと国民生活が破壊されます。ぜひ再稼働にご賛同ください」と陳情するのです。もし賛同を得て、原発再稼働の実現に協力してもらうことができたら、間違いなく政治が動くことになります。

長尾　確かに私も現職時に、保守系の方だけでなく、共産党系の方からも陳情を受けました。どんな方がいらしても、きちんと話を聞いていましたよ。その場で回答して結論を出すこともあります。ただ、法律に関する陳情となると、私の判断でできることではないので、「党に伝えておきます」と答えることもありました。

以前は「交通違反をなかったことにしてもらいたい」「うちの息子が〇〇大学に入学するよう仲介してもらいたい」というような、無理な陳情を受けることもありました。当然、その場でお断りしました。ただ、近年はこの手の陳情は減った印象です。

無理な陳情を受けたときは、キッパリと断ることが大切です。断らないと、また似たような陳情を受けることになるからです。

断ったことで、「長尾は話を聞いてくれない」「長尾には力がない」と陰口を叩かれたこともあったかもしれません。それでも、また無理な陳情を受けて時間を無駄にするよりはマシでしょう。おそらく昔はこのような陳情を受け入れる議員もいたのでしょうね。

一つの陳情が起こした奇跡

渡邉　陳情をきっかけに政治が動いたことはありましたか？

長尾　ありました。

平成二十六年に過労死等防止対策推進法という法律が施行されました。第一条で謳っているとおり、〈近年、我が国において過労死等が多発し大きな社会問題となっていること及び過労死等が、本人はもとより、その遺族又は家族のみならず社会にとっても大きな損失であることに鑑み、過労死等に関する調査研究等について定めることにより、過労死等の防止のための対策を推進し、もって過労死等がなく、仕事と生活を調和させ、健康で充実して働き続けることのできる社会の実現に寄与することを目的とする〉法律です。

実はこの法律は、私が平成二十一年に当選した直後に、地元の方から受けた陳情をきっかけに成立した法律です。陳情の内容は「大学を卒業し、一流企業に就職した息子が、一年八ヵ月後に自ら命を絶った」というものでした。

当時、このような過労死に関する陳情は、「労災認定をいただきたい」というものしかありませんでした。陳情としては厄介な部類だったのです。しかし、この方とお話ししているうちに、過労死をなくすためには労務管理をしなければならない、過労死を防止する法律はないものだろうか、と閃きました。

早速、調べてみると、確かにそのような法律は整備されていなかったのです。それから私は仲間を募って、議連を発足させました。同時に過労死で家族を失った方々による家族会を発足していただき、議員とご遺族が情報を共有できる体制を整えました。

私は三年三ヵ月続いた民主党政権で、与党の一議員として、この法案の作成に携わりました。しかし、平成二十二（二〇一〇）年八月に政治団体「頑張れ日本！全国行動委員会」のメンバーと尖閣諸島を視察したことで、民主党に居場所がなくなりました。平成二十四（二〇一二）年十二月に解散総選挙が行われた際には、私は民主党を離党して無所属で戦うことになりました。結果は落選でした。

その後もこの法案の審議が国会で続き、平成二十六年に安倍政権下で過労死等防止対策推進法が成立しました。落選中の私は、衆参両院の本会議場の傍聴席から見届けることしかできませんでした。

最後までこの法律の成立に携わることができなかったのが心残りでしたが、それでもこれは、私が受けた陳情をきっかけに成立した法律ですから、こっそりと胸を張っています。

やはり国民は、何か必要だと考えていることがあるなら、積極的に議員に陳情したほうがいいでしょう。保守系だろうとリベラル系だろうと、政治信条はいっさい問わず、とにかく地元で選ばれた議員に会いに行ってみるべきだと思います。

渡邉　請願権を行使して、日頃から議員と密接な関係を築いておけば、議員の力を通じて政治を動かす可能性が生まれますからね。国会で抗議デモを行ったところで、実は何も変わらないのです。

第5章

永田町の裏話

永田町に巣食う怪しい人々

渡邉 対談の最後に、「永田町の裏話」や「暗部」についてもお話ししたいと思います。まずは永田町にいる得体の知れない人々です。長尾先生の周りにもいたでしょう？

長尾 誰でしょうか……(笑)。

渡邉 永田町にいると、この人はいったい何をしているのだろう、と感じる人を見かけることがあります。例えば議員会館の事務所を訪れ、取材という名目で政治家から情報を集めて、その情報を売って稼いでいる人です。

長尾 私の所には、そのような人は来ませんでしたね。もっと老練な議員の所に行って情報を集めているのかもしれません。

渡邉 彼らは議員の名前を使ってお金儲けをしています。政治をお金に変えているのです。おそらく何十年も前の待合政治が行われていた時代を知っている議員の所に行くでしょう。

また、ロビー活動という名目で議員会館に入館して、通行証を首からぶら下げながら、工作活動をしている人もいます。

「○○先生、こういう法律を作ってほしいので、よろしくお願いします」といって事務所を回るのです。よくよく話を聞くと、太陽光パネルの営業マンのような話をしている。要は業者から依頼を受けた業界紙の記者や活動家が、議員会館を回っているわけです。

また、「パーティー券を買いますから」といって、議員を取り込もうとする人もいます。

「政治とカネ」というと献金が槍玉に上がる傾向がありますが、本当の問題点はこのパーティー券にあります。なぜなら外国人がパーティー券を購入することは、制限されていないからです。

献金の場合、五万円を超えると収支報告書に名前を記載しなければなりません。また、外国人からの献金は受け取ってはなりません。ところがパーティー券となると、こういった制限が緩くなります。

長尾　パーティー券の場合、二十万円以上なら名前を記載しなければなりませんが、それ以下なら匿名で購入することができますからね。

渡邉　令和二（二〇二〇）年十一月二十七日のNHKの報道によれば、「政治資金パーティー収入の94％は〝匿名〟」だといいます。記事には以下のように書かれています。

〈去年（註・令和元年）、国会議員関係の政治団体が開いた政治資金パーティーでは、収入全体の94％にあたる58億7000万円分が20万円以下の購入者からの収入とされ、匿名となっていました〉

それから一つの会社に五社も十社も子会社があるケースがあります。そのような場合、名義を変えて、パーティー券を何枚も購入することができます。これは匿名で多額の寄付をしているのに等しいでしょう。そして中には、パーティー券を購入することで、議員を言いなりに動かしているケースもある、だから問題なのです。

以前、日本維新の会が外国人の献金を問題視し、代表の橋下徹氏（当時）もそれに言及したことがありました。しかし、パーティー券というかたちで外国人に購入してもらうのもまた、同じことではないでしょうか。

長尾　政治家が作る法律には、必ず政治家にとっての抜け道があるということです。

渡邉　外国人の献金だけ規制しても意味がない。外国人のパーティー券の購入も規制して、破ったら公選法違反で失職処分にするなど、厳しい処分を下すようにするべきです。そうしなければ、外国勢力による政治的影響を排除できません。

それから法人だからといって安心はできません。社長は日本人でも、実際には外国人が経営している会社もあるからです。

例えばパチンコ店です。実質的なオーナーは韓国人や朝鮮人でも、日本人に社長を任せることで、日本企業を装っている会社もあるでしょう。これも大きな問題です。外国勢力が日本に対して政治的影響力を発揮できるからです。

広告出稿は口止め料

渡邉　永田町には政界誌の記者もいます。一般の人はあまり知られていない、主に政界に身を置く人のための月刊誌です。なぜこのような月刊誌が成り立っているかというと、一流企業が広告を出稿しているからです。昨今、雑誌の広告は減少していますが、この手の月刊誌は例外です。政界や財界の「裏情報」を握っているため一流企業は〝口止め料〟として広告を出稿しているきらいがあります。

政界誌の記者は現在も永田町で健在です。多くは六十～七十代ですね。

長尾　彼らは本当によく取材していますよね。

渡邉　日本には記者クラブが二つあります。日本記者クラブと両院記者会です。

この二つの大きな違いは、日本記者クラブは国会の外にあり、両院記者会は国会内にある点です。

昭和二十（一九四五）年の終戦直後から日本を占領したＧＨＱ（連合国軍最高司

令官総司令部）によってプレスコードが設けられ、GHQや戦勝国を批判した新聞社は、発行禁止処分に追い込まれました。なお、このプレスコードは、昭和二十七（一九五二）年に日本と連合国のあいだでサンフランシスコ講和条約が結ばれ、GHQによる占領が終わるまで続きました。七年にわたって日本の言論は厳しく統制されたのです。

朝日新聞は終戦直後の昭和二十年九月、のちに首相となる鳩山一郎《はとやまいちろう》の原爆投下を批判する談話を掲載したため、同月十八日から二日間の発禁処分を受けています。そうして朝日は変節して、現在の姿になったのです。

日本記者クラブは、GHQによるプレスコードを受け入れた新聞社、通信社、放送各社によって構成されています。読売新聞、朝日新聞、日本経済新聞、毎日新聞、産経新聞は、すべて日本記者クラブに加盟しています。

一方、GHQによるプレスコードに逆らった「やまと新聞」などの新聞社によって構成されているのが両院記者会です。明治時代に創刊した「やまと新聞」は、戦後、「新夕刊」や「日本夕刊新聞」、そして「国民タイムズ」に改題したのち、スポーツ新聞として生まれ変わり、昭和三十五（一九六〇）年に「夕刊東京スポーツ」、その二年後に「東京スポーツ」と改題して現在に至ります。つまり「東京スポーツ」は、「やまと新聞」の流れを汲む媒体なのです。

GHQ占領下の日本では、両院記者会に所属する新聞社は発行部数に制限が設けられました。すると各社は採算が取れなくなり、新聞を発行できなくなったのです。そこで各紙の記者は、記事を週刊誌など外部に売って稼ぐようになりました。この名残はいまだに残っており、永田町には週刊誌に記事を売る記者がいます。議員にとっては要注意の存在です。

余談になりますが、世界的に見ても、ジャーナリストはスパイに利用されがちな職業です。例えば「クリスチャン・サイエンス・モニター」というアメリカの新聞社があります。一九〇八（明治四十一）年に創刊され、二〇〇九（平成二十一）年からはインターネットに限定して記事を配信しています。

長尾 かつてジャーナリストの櫻井《さくらい》よしこ氏が勤めていた新聞社ですね。

渡邉 同社は以前からCIA（中央情報局）と強いつながりを持っているといわれており、また、世界の諜報機関から「最も信頼できる新聞」という評価を受けています。

それゆえ、週刊誌に記事を売る記者も、かなりの情報を握っているはずです。まさか他国に日本の極秘情報を売るようなことはないと信じたいですが……。

長尾先生が議員をされていたときにも、実にさまざまな人が議員会館の事務所を訪れてきたのではないですか？

長尾　連日、いろいろな人がいらっしゃいます。ただ、私に限らず議員は不在のケースが大半です。代わりに秘書が対応するのですが、多いときにはたった十分のあいだに二人も三人も来ることがありました。

渡邉　訪れてくるのは用事のある役人だけでなく、実に雑多な業種の人たちだったでしょう？

長尾　そのとおりです。ただ、議員を取り込もうとする人や、議員会館でロビー活動をする人は、ターゲットを絞って活動しているのだと思います。私のもとには、それほど来ませんでしたね。

渡邉　長尾先生のような信念のある人にいくら話をしても、それが間違っていたら聞き入れてもらえませんからね。

甘すぎる議員会館のセキュリティ

渡邉　記者は記者記章を持っているので、国会議事堂や議員会館を自由に出入りできます。では、一般人の場合はどうでしょうか。

まず議員会館に入館する場合は、一階で簡単なセキュリティチェックを受け、受付で入館手続きをすれば、簡単に入館できます。手続きにあたって「○○議員と面会」というように申告しなければならず、アポは必要になります。ただし入館さえしてしまえば、アポを取っていない議員の事務所を回ることもできます。

長尾　議員会館のセキュリティは実に甘いです。しかし、旧議員会館のセキュリティはさらに甘かったですよ。旧議員会館は、平成二十二（二〇一〇）年に完成した現在の議員会館の北側にありました。

私も会社員時代にある議員と打ち合わせをするために、旧議員会館に何度か行きましたが、当時はセキュリティチェックさえなく、普通の民間会社と同じように簡単に入館できました。平成二十（二〇〇八）年ごろに、やっと金属探知機で検査をするようになったと記憶しています。

渡邉　さすがにその時代に比べたら、いまはきちんとチェックしていますね。

長尾　議員会館の警備員は、現職議員の顔と名前をすべて覚えています。私は落選中ですが、それでもまだ覚えてくれているようです。なぜかというと、議員会館の廊下で警備員とすれ違うときに、必ず立ち止まって挨拶してくれるからです。

前議員の私は、議員会館の入口で「元議員証」と「前議員バッジ」を提示しなければなりません。この元議員証と議員バッジは、悪用しようと思えば悪用できます。誰かに貸してしまえば、その人は難なく入館できるのです。

現職の議員ならまだしも、前議員のチェックはもっと厳しくしたほうがいいでしょうね。

ちなみに霞が関の各省庁にも以前は簡単に入館できましたが、近年はだいぶ厳しくなりました。令和四（二〇二二）年に二十二歳の無職の男が偽物の国会議員バッジをつけて、厚生労働省などが入る庁舎に侵入したとして、建造物侵入容疑で逮捕されるという事件がありました。このような事件を二度と起こさないためにも、入館の際には厳しくチェックするくらいでちょうどいいと思います。

渡邉　下手をすると、民間でもかなりチェックが厳しい企業がありますからね。

長尾　ちなみに自民党本部の場合は、議員にアポを取ったうえで取材や陳情に来た人は、守衛さんに「○○議員に会いに来た」といい、名刺を提示すれば中に入れることができます。ただ、入口の守衛さんは来訪者をしっかり見ています。

渡邉　党本部にはいつも守衛さんが立っていますね。

長尾　自民党本部で働く職員も優秀ですが、入口にいる守衛さんも本当に優秀で、一度来た人の顔をしっかりと覚えています。以前、私に会いに来た人が入口で止められたことがありました。事情を聞くと「一度もお顔を拝見したことがないから」という理由だったのです。しかし、その人が次に来たときには、ちゃんと顔を覚えていました。彼らは手元にいつも手帳を持っていますが、当日の面会スケジュールも頭に入れているのだと思います。

渡邉　一流ホテルのドアマン並みの仕事ぶりですね。おそらく入れてはならない人の顔も覚えていることでしょう。

議場にスマホの持ち込むのは？

渡邉　議員会館は一般の人も簡単に入館できます。しかし、国会議事堂となると、館内を見学することはできますが、本会議場の議員席には立ち入ることができません。

本会議場の後方には、議員用と一般用の傍聴席があります。本会議を傍聴するには、一般傍聴券、または議員紹介券が必要になります。一般傍聴券については、本会議の当日、衆議院面会受付所において先着順に交付しています。

議員傍聴席は議員が傍聴するための席ですが、前議員も利用できるのですか？

長尾　利用できないです。傍聴に関しては前議員席があり、そこで傍聴できます。当然、議場にも入ることができません。議員以外で唯一出入りできるのは、グリーンのジャケットを着たスタッフだけです。資料を配ったりする際に議場に入ります。

渡邉　議場に入るには、議長の許可が必要になります。

長尾　そのとおりです。議員が足を怪我して杖を議場に持ち込む際にも、議長の許可が必要になります。

あとパソコンの持ち込みは禁止されています。本当はスマートフォンの持ち込みもNGだと思いますが、みんなポケットに入れて持ち込んでいます。もし議会運営委員会に「スマホは議場に持ち込んでもいいのですか？」と訊いて、ダメだといわれたら持ち込めなくなると思います。そうなったら、ほかの議員から「あいつが余計な質問をしたからだ」と文句をいわれてしまう。だから誰もスマホ持ち込みについては触れないのです。

国会でテロが起きたら

長尾　国会議事堂の警備の薄さを懸念しています。国会議事堂も議員会館と同様に、怪しい人が入りやすいですよね。セキュリティ上、細かいことはできませんが、議員時代に「ここの警備が甘い」と感じたことが何度もあります。

国会の本館には警察官がいません。また、大臣のSPは国会議事堂のなかに入ることができますが、議場には足を踏み入れることができません。

では、国会の警備は誰が担っているかというと、衛視《えいし》です。ただ、衛視は拳銃を持っておらず、例えば武器を所持したテロリストが突入してきた際には、まともに戦うことなどできないと思います。

以前、俳優の岡田准一氏主演の「SP 革命篇」という映画を観たのですが、国会議事堂の本会議場がテロリストに占拠されるシーンがありました。

その場面を観て、「こんな作品を作って大丈夫なのだろうか」と心配になりました。

作品のなかで、国会議事堂の警備の甘さを証明していたからです。

本会議場なかに警察官が入ることができないとなると、テロが起きたときに、いったい誰が対応するのでしょうか。テロを制圧することは非常に難しいと思います。そもそも衛視がテロリストと戦えるのかどうかも分かりません。

渡邉　一応、警察官と同じ訓練を受けているはずですが……。それにしても警察官が国会のなかに入れないのでは困りますね。

長尾　国会内は衛視の縄張りなのです。

国会議事堂の食事事情

渡邉　縄張りということでいえば、衆参はそれぞれ独立しており、議員会館を警備する警備会社も違います。入館する際のシステムに違いがあるのもこのためです。
　また、議員会館の地下にある食堂も、衆参によって違いますね。参議院議員会館の食堂が一番美味しいと思います。

長尾　私も議員会館で食事をするときは、かなりの頻度で参議院議員会館に行きます。衆議院第一議員会館の食堂は普通ですが、第二議員会館の食事はあまり美味しくありませんね。

渡邉　参議院はもともと貴族院だったので、その名残で食堂も美味しいのかもしれません。貴族にへたな物を食べさせるわけにはいきませんから。
　参議院議員会館の食堂には「参議院ラーメン」というメニューがあり、トッピングの海苔に「参」とプリントされていて人気です。

長尾　衆参の食堂は、テーブルと椅子に一つ違いがあります。参議院議員会館の食堂だけ、テーブルと椅子に白布がかけられているのです。

渡邉　それもまた、貴族院の名残ですね。

食堂は、国会議事堂にもあります。衆参両方に議員食堂があり、さらに国会議事堂中央部には、一般人も利用できる国会中央食堂がありますね。十年ほど前にリフォームされましたが、値段が安いこともあり、以前は「人民食堂」と呼ばれていました。

国会内の食堂は、議員もよく利用しているでしょう？

長尾　国会議事堂の西側、議員会館との連絡通路の脇にある吉野家をよく利用しました。私だけでなく、委員会が始まる前には、たくさんの議員が牛丼を食べています。

原則的に本会議は、参議院は月曜・水曜・金曜の午前、衆議院は火曜・木曜・金曜の十三時から始まります。

自民党議員は本会議や委員会がないときは部会に参加しています。コロナ禍で昼の部会にカレーライスが出されなくなると、部会が終わって党本部から国会に移動して、十三時に本会議が始まるまでのあいだに昼食を取らなければなりません。短時間で食事を済ませるなら、吉野家が一番でしょう。味も美味しいですから。だから国会会期中は、十二時〜十二時四十五分に吉野家に行くと、必ず大行列ができています。そしてみんな慌ただしく牛丼を食べています。

大臣がＳＰを引き連れて大急ぎで牛丼を食べている、その横ではボイラー室の作業員も牛丼を食べている……というシーンを何度も見たものです。なかなかシュールな光景ですよ。

渡邉　国会議事堂の吉野家には、限定メニューの「黒毛和牛重」がありますね。

長尾　牛重は作るのに十五分ほどかかります。忙しい時間帯に牛重を注文すると、みんなから白い目で見られます。

渡邉　電話で注文して持ち帰るのがいいですね。

長尾　お土産にすると喜ばれます。いまは羽田空港や成田空港の出国エリアにある吉野家でも食べられますが、昔は国会議事堂内の吉野家でした食べられませんでしたから。

渡邉　衆議院分館一階にあるカレー屋も有名ですよね。

長尾　「喫茶・あかね」です。あと参議院の地下にある、「みとう庵」という蕎麦屋も美味しいですよ。国会議事堂内には安くて美味しいお店がたくさんあります。

食事だけでなく、国会には病院や床屋もあるので、働く場所としては最高の環境だと思います。

渡邉　余談になりますが、国会議事堂の前庭には噴水があります。国会議事堂が完成した昭和十一（一九三六）年当時、馬車で登院する議員が多かったので、馬の水飲み場として使用されていました。ちなみに大正八（一九一九）年、日本は統治下の台湾に台湾総督府庁舎（現・中華民国総統府）を建造しましたが、この建物の前にも、同じ理由から前庭に噴水を設置しています。

なお、国会議事堂の中央玄関は、天皇陛下をお迎えするときや、選挙のあとに議員が初登院するとき、そして海外から国賓を招いたときしか使用しません。通常はみんな裏口から出入りします。これは明治時代からのしきたりで、いまだに残っているのです。

衆議院は水、参議院はミルクとコーヒー

長尾 国会で出される飲み物も衆参で違います。

衆議院の常任委員会を行う委員会室では水しか飲めません。しかし、参議院ではミルクとコーヒーが飲めます。

衆議院議員だと参議院の委員会に出席する機会がないので、議員になってからも、しばらくはそのことを知りませんでした。

内閣府大臣政務官を拝命してTPP（環太平洋パートナーシップ協定）を担当することになってから、茂木敏充内閣府特命大臣（当時）の代理で、参議院農林水産委員会で答弁する機会がたくさんありました。

委員会室に行くとテーブルにミルクとコーヒーが置いてあったので、ほかの議員に「ミルクとコーヒーがあるけど、あれは何ですか?」と訊きました。すると「参議院の農水委員会では、ミルクやコーヒーが出るのですよ」というのです。「い

いなあ」と自然に呟いたら、大笑いされましたね。

渡邉　それもまた、貴族院の名残ですね。

長尾　こうしたルールは、議院運営委員会が決めています。

衆議院の委員会室では、以前は水が入ったピッチャーが置いてあり、飲みたい人が自分でコップに注いで飲んでいました。しかし、新型コロナウイルスが蔓延したことで、このシステムは衛生上よくないのではないかという指摘がありました。そこでピッチャーとコップの代わりにペットボトルが置かれるようになったのです。ところが今度は、環境に配慮するという観点から、ペットボトルで水を支給するべきではないという意見が出た。そして現在は、事前に届け出れば、マイボトルを持ち込めるようになりました。

渡邉　中身は水でなければなりませんか？

長尾　水か白湯です。お茶は認められません。

渡邉　ばかばかしい決まりですね。

長尾　理事会で真剣に「お茶を認めるべきかどうか……ん～っ」といった話し合いを真剣にしているのです（笑）。「そんなこと、どっちでもいいじゃないですか！」

といえない雰囲気（笑）。でも実際には、こっそりお茶を持ち込んでいる議員もいたかもしれませんね。マイボトルに入れてしまえば分かりませんから。

予算がない新聞各社

渡邊　さて、メディアとの関係についても話したいと思います。

永田町には番記者と呼ばれる記者がいます。有力な国会議員に密着して取材する記者のことで、総理番記者や派閥の番記者がいます。

しかし昨今は、各メディアでリストラが行われ、番記者が減少しています。

長尾　昔は人材が豊富だったので、担当記者はどんどん代わりましたが、最近は同じ記者が同じポジションにずっといますよね。やはりどこも人手不足なのでしょう。

渡邊　自民党の派閥ごとに各社から派遣された番記者がいるわけですが、かつては代表者が定められていました。清和研の代表者はA社の記者、宏池会の代表者はB社の記者というふうに決めていたわけです。しかし代表者になると手間がかかるだけで、人材不足の現状では誰もやりたがらず、なかなか決まらないといいます。

とにかく以前は、派閥にまで記者の目がよく行き届いていました。しかし現在は、政府、総理、官邸に番記者を派遣するのが精一杯で、取材レベルが全体的に落ちているでしょう。

ちなみに、いまだに資金が潤沢なのはＮＨＫです。新型コロナウイルスが蔓延する前の話になりますが、専用の黒タクを待たせているのはＮＨＫと朝日新聞の記者だけでした。

大臣クラスの議員は、記者懇談会で記者たちと会食します。その際にもＮＨＫや朝日新聞の記者はハイヤーを待機させていました。読売新聞や日経新聞はタクシーの利用が可能ですが、会社によってはタクシーを使えません。

長尾　読売が手配したタクシーに産経の記者が同乗している場面を見たことがあります。

渡邉　産経、毎日、時事通信などはお金がないですから。

メディアと議員のつき合い方も変わってきて、以前ほど記者が議員にベタつきで取材できなくなりました。政府専用機の後方には記者席があります。総理の外遊に同行する記者は、エコノミーの正規料金と同じ料金を払って同乗します。しかし新聞社も予算が減り、以前のように頻繁に同行できなくなっています。

記者とのつき合い方

長尾　メディアに関して、議員と記者はどれくらい密な関係かと訊かれることがあります。また、私のような保守系の場合は産経新聞の記者と仲がよく、朝日新聞の記者と仲が悪いのかと考えている人もいます。しかし、実際には満遍なくおつき合いしています。特に法案担当理事になると、記者とのつき合いが増えます。私は政務官を拝命しましたが、副大臣や大臣になると、さらにつき合いは多くなるはずです。

渡邉　確かに一社の記者とばかりつき合うということはないでしょうね。また、記者は横のつながりが強く、一紙に情報が漏れると全紙に漏れます。取材の際に「オフレコで」と断りを入れても、一時間後には他紙の記者にまで知れ渡ってしまうでしょう。

長尾　そうですね。基本的にオフレコは守られません。私が議員になって最初にお世話になった秘書は、ある建設大臣の秘書を務めた経歴のあるベテラン秘書でした。そんな秘書が、当選直後の私に「記者との会話でオフレコはないから、それだけは肝に銘じてください」と話してくれました。

渡邉　オフレコではなく、記者が〝書くか書かないか〟ですね。昭和の大物議員のように記者を恫喝できる人物なら、記者は萎縮して書きません。ところがスキャンダルが原因で議員側の立場が弱くなると、その議員の情報が拡散されることになります。一紙が記事にすると、ほかの新聞社も記事にしますからね。

長尾　まさにそのとおりです。私が現職だったときにも、「これは絶対に書かないでほしい」と断ってから話したにもかかわらず、それを守らなかった記者が一人、ジャーナリストが一人いました。「長尾が情報を流した」という話になり、党から注意を受けましたよ。幸い大事にはなりませんでしたが、こういった人とはよい関係は築けません。

渡邉　政治家のスキャンダルは、秘書のリークによるものも多いですね。秘書がほかの議員に喋ってしまい、その議員が週刊誌の記者に情報を売る。永田町は嫉妬渦巻く世界ですから、若くして目立っている議員だったら、その足を引っ張ろうとする人もいるでしょう。だから情報が売られてしまうのです。

長尾　秘書はいつでも敵になります。しかし、議員にとって最も大事なパートナーでもある。この点もヤクザの世界と同じですね。

前述したベテラン秘書は、マスコミとのやりとりが非常に上手でした。それを私も見ていたので、ほかの議員より記者とうまくつき合うことができたと自負しています。

記者は議員から情報を得ようと、しつこく食らいついてくることがあります。時には教えてあげたいと思うこともある。どうしても口外できないことは教えませんが、これなら教えてもよいだろうという情報を教えるときに、「ゴミ箱にこんな書類が捨てられたいた」、「その辺に書類が落ちていた」と、記者が勝手に持ち帰ったとしたこともあります。すでにほかの記者が知っている情報だったとしても、「長尾さんから情報をいただいた」ということで、その記者とよい関係を築くことができます。

渡邉　記者とはよく飲みに行っていましたか？

長尾　行っていましたね。私は議員と飲みに行くことは少ないほうでした。官僚や各社の記者とはかなり頻繁に飲みに行き、交流を続けました。そういった場に顔を出して、記者との関係が深くなると、記事に名前を入れてもらえるようになります。よく「長尾さんの名前を入れておきましたから」といってもらったものです。

例えば十人の自民党議員で北海道に視察に行ったとします。それが記事になった場合、普通なら単に「十人の自民党議員が北海道を視察した」という書き方をする。しかし、記者とよい関係を築いていたら、「長尾たかし等、十人の自民党議員が北海道を視察した」と書いてくれます。これは議員にとってアピールになりますし、支援者は「記事に名前が載っていた」と喜んでくれるので、非常にありがたいのです。

ただし、ほかの議員から「俺も一緒に視察したのに、なんで長尾の名前だけ載っているのだ」とやっかみを買うこともあります。

渡邉　〝永田町あるある〟ですね。

長尾　記者とのつき合いは落選したいまも続いており、ときどき食事をしています。議員時代に親しくしていた記者が、いまは官邸キャップに昇進していることもあります。

それから役人も、私が議員だったころに課長補佐クラスだった人が、そろそろ局長クラスに昇進します。

現在、私は六十歳ですが、昭和六十一（一九八六）年に大学を卒業しました。同年に役人になった人が、いま事務次官になっています。よく飲みに行っていた間柄です。もちろん、割り勘ですよ。

親しくしていた記者や、年齢の近い役人が出世して、これからよりよい活動ができるというときに、残念ながら私は落選してしまいました。

議員は記者や役人と一緒に成長することができます。その点に鑑みると、やはり議員は落選してはなりません。議員が当選を重ね、記者や役人が出世するほど、ウインウインの関係になります。もちろん、突然敵になることもありますが……。

渡邉　この点でも、やはり義理人情と貸し借りの話になります。最終的に政治は義理人情や貸し借りに左右される。所詮は人間がやることですからね。

今回の対談は一つの結論が出ましたね。永田町は貸し借りの世界、義理人情の世界であると。やはりヤクザの世界と同じです。

政治とどう向き合うべきか

渡邉　これまで政治や政党、そして国会議員についてさまざまな角度から語ってきました。改めて深く感じたのは、戦後の日本で続く国会の状況を打破すべきだということ。変えなくてはならないのは、やはり野党です。与野党での議論を活発にすべきだからです。

現在の姿は、議会として不健全です。与党と野党が議論を交わせば、どちらが正しいか、国民は判断することができます。残念なことに国会ではそれをやっていない。それでは、国民は選挙で議員や政党をきちんと選ぶことなどできないでしょう。

長尾　やはり国会で週刊誌の記事をもとに追及してばかりいるのはおかしいですよね。ただ、予算委員会でもいい審議が行われることはあります。しかし、それをなぜかメディアが報道しないのです。スキャンダルの追及のほうが、センセーショナルに報じられるからなのかもしれません。

渡邉　日本における民主主義は、民が主です。衆議院議員は代議士といわれるとおり、国民の声を国会に伝えるのが役割です。また、憲法十六条では請願する権利が保障されています。国民が政治家に訴え、政治家が行動に起こして国を変えていく。これを放棄してしまっている国民が多いのは大問題です。

国民には、自分が議員になるという選択肢もあるし、議員にならないなら、信頼できる議員を支援して、代わりに声を届けてもらうこともできます。インターネットが普及したことで、ツイッターやフェイスブックなどのSNSを活用して応援することもできるようになりました。

選挙のときに候補者が街頭で演説していたら、「頑張ってください」と声をかけて、「これをお願いします」と自分の要望を書いた紙を渡すのもよいでしょう。きっとその候補者は読んでくれるはずです。

やはり国民一人ひとりがこの国をよくしようと思わないと、状況は改善しません。まるで別世界で政治が行われているように考えている人も多いですから。

しかしその一方では、ノイジーマイノリティの人が大騒ぎして、結果的に彼らの声が政治に反映されています。これは健全ではない。すべての人にとって、政治はもっと身近な存在であるべきです。

長尾　そうですね。「身近」であることは大事です。ただ、「気軽」になるとまずい。投票という行為や立候補という行為は、とても神聖なものです。

立法府が作った法律で国民が幸せになる、これを目指しているわけですが、時には国民を不幸のどん底に陥れてしまう可能性もあります。議会が担う責任は重責であり、極めて重々しいものなのです。だから、立候補という被選挙権の行使も重々しい決断の結果でなければならないはずです。

しかし、最近は軽々しくなっています。東京都知事選などを見ていても、当選する気などなく、エンターテイメントの一環として出馬している人までいます。選挙は「表現の場」「主張の場」であってはならないはずです。しかし、このような状況を作り出してしまったのは、私たち政治家の責任なのかもしれません。

渡邉　国会で与野党が審議して、国民は自分たちの声を政治家に届ける。そうして日本の社会が改善するように、政治家も、そして私たち国民も努めなければなりませんね。

あとがき

長尾たかし 前衆議院議員

普通のサラリーマンが国会議員として仕事をするようになって、毎日が驚きの連続でした。極めて華やかな舞台であることは事実ですが、その一方で、実に地味な仕事も多い世界でもあることを経験しました。

法案や予算案の作成に至るまでの手続き、審議の進め方やルール、慣習など、これほどにまで緻密なシステムで進められていることに驚くと同時に、なんでこんな無駄なことをやっているのだろうと、呆れ果てることも多々あるのです。国会議員の立場や仕事は、私がいままで抱いていたイメージとは、よくも悪くもまったく違うものでした。

考えてみれば、国会というところは世間のあらゆることが集約された場所。魑《ち》魅《み》魍魎《もうりょう》であり、理想と現実、恨みつらみが交錯し、真実も矛盾もすべてが混在している場所です。世間の常識が通用しなかったり、独特の風土文化があります。国会に関わる霞が関の役人は、国民のためという建前を掲げながら、それぞれの省益を優先するため国会と関係を持っています。

あらゆる権限が存在し、世の中のルールを作る側に立てるという点では、間違いなく非常に魅力的なところです。しかしその真の姿をお伝えする機会がなかなかありませんでした。

今回、政策はいかにあるべきかという議論ではなく、国会の姿そのままを浮き彫りにし、それを伝えた本を一緒に出してみませんか、と渡邉哲也さんからお声をかけていただきました。まさに我が意を得たり。喜んで参加させていただくことにしました。

渡邉さんは、経済評論家であると同時に、非常に永田町の仕組みをよく分かっていらっしゃいます。私の引き出しの中身をすでに盗み見しているのではないかと思われるほど、質問の仕方がお上手で、私もペラペラと内情を話してしまいました。

いままでにない本が出来上がったのではないかと、心の底から喜んでおります。この本を読んでいただいたことで、政治が百倍面白くなるはずです。

国会議員とて一皮むけば普通の人間ばかりです。これでも結構、踠きながら仕事をしています。国会の仕組みや組織も時代に則した在り方が求められています。皆さんにとって国会議員が、政治がより身近なものとなり、関心が高まることを願ってやみません。私と同様に被選挙権を行使してみよう、国会で活躍してみようと決断してくれる方が、一人でも多く誕生してほしいと思います。

今回、三田浩生編集長、ライターの仙波晃さん、ほか関係者の皆さんには大変にお世話になりました。この場をお借りし心から謝辞を申し上げたいと思います。

そして何よりも、この企画にお声をかけてくださった、渡邉哲也さん、本当にありがとうございました。

令和五年六月

渡邉哲也（わたなべ・てつや）

作家・経済評論家。1969年生まれ。日本大学法学部経営法学科卒業。貿易会社に勤務した後、独立。複数の企業運営などに携わる。大手掲示板での欧米経済、韓国経済などの評論が話題となり、2009年『本当にヤバイ！欧州経済』（彩図社）を出版、欧州危機を警告し反響をよんだ。内外の経済・政治情勢のリサーチや分析に定評があり、雑誌の企画・監修まで幅広く活動を行っている。

著書にベストセラーとなった『これからすごいことになる日本経済』『パナマ文書』（徳間書店）の他、『「中国大崩壊」入門』『「韓国大破滅」入門』『「新型コロナ恐慌」後の世界』『中国と戦うときがきた日本 経済安全保障で加速する日本の中国排除』『情弱すら騙せなくなったメディアの沈没』（徳間書店）、『世界と日本経済大予測2022-23』（PHP研究所）、『今だからこそ、知りたい「仮想通貨」の真実』（ワック）など多数。

長尾たかし（ながお・たかし）

1962年11月29日生まれ。立命館大学経営学部卒業。同年、明治生命（現・明治安田生命）保険相互会社に入社。平成21年第45回衆議院総選挙で大阪14区から民主党公認で136798票を得て初当選。平成24 年11月16日、衆議院解散直後、民主党を離党。同年衆議院総選挙に無所属で立候補。12月13日に安倍晋三総裁が選挙応援演説中に公認を表明し、自民党公認候補となるも惜敗。平成26年12月第47回衆議院選挙で2期目当選。平成29年10月、第48回衆議院選挙で3期目当選。平成30年10月、第4次安倍改造内閣、内閣府大臣政務官就任。

自民党副幹事長、外務委員会理事、厚生労働委員会理事、自民党厚労部会外交部会長代理、憲法審査会委員、拉致問題特別委員会理事、日本の尊厳と国益を護る会副代表。領土議連事務局長、日本会議国会議員懇談会事務局次長、日華議員懇談会幹事などを歴任。著書に『永田町中国代理人』（産経新聞出版）などがある。

シン・ニッポン2.0

ふたりが教えるヒミツの日本

2023年6月15日　初版第1刷発行

著　者　渡邉哲也　長尾たかし
発行者　三田浩生
発行所　株式会社 三交社
〒110-0015 東京都台東区東上野1-7-15
ヒューリック東上野一丁目ビル3階
tel.03-5826-4424　fax.03-5826-4425
URL http://www.sanko-sha.com/
編集協力　仙波 晃
ブックデザイン　福田和雄（FUKUDA DESIGN）
印刷・製本　中央精版印刷株式会社

Printed in JAPAN ISBN978-4-8155-4201-6 C0036